KB022235

좋아하는 일로
먹고삽니다

블로그로 시작하는 퍼스널 브랜딩

좋아하는 일로 먹고삽니다

Make a living doing what I love

초판 발행 · 2023년 11월 10일

지은이 · 김인숙
발행인 · 이종원
발행처 · (주)도서출판 길벗
출판사 등록일 · 1990년 12월 24일
주소 · 서울시 마포구 월드컵로 10길 56(서교동)
대표 전화 · 02)332-0931 | **팩스** · 02)322-0586
홈페이지 · www.gilbut.co.kr | **이메일** · gilbut@gilbut.co.kr

기획 및 책임 편집 · 박슬기(sul3560@gilbut.co.kr), 안수빈(puffer@gilbut.co.kr)
제작 · 이준호, 손일순, 이진혁, 김우식 | **독자지원** · 윤정아, 전희수
영업마케팅 · 전선하, 차명환, 박민영 | **영업관리** · 김명자

디자인 및 전산편집 · 이도경
교정교열 · 이정주 | **CTP 출력 및 인쇄** · 영림인쇄 | **제본** · 영림인쇄

ISBN 979-11-407-0691-4 03000
(길벗 도서번호 007178)

가격 17,000원

독자의 1초를 아껴주는 정성 길벗출판사

길벗 | IT교육서, IT단행본, 경제경영서, 어학&실용서, 인문교양서, 자녀교육서 www.gilbut.co.kr
길벗스쿨 | 어학습, 수학학습, 어린이교양, 주니어 어학학습, 학습단행본 www.gilbutschool.co.kr

블로그로 시작하는 퍼스널 브랜딩

좋아하는 일로
먹고삽니다

김인숙 지음

길벗

프롤로그

> **"무슨 일을 하게 될지는 모르겠지만,
> 뭐가 되었든 좋아하는 일을 하면서 즐겁게 살고 싶다."**

　20대 중반, 제가 했던 생각입니다. 내가 무엇을 좋아하고, 잘하는지 꿈을 찾는 것도 중요했지만 꿈을 찾을 때까지 마냥 손 놓고 있을 순 없었습니다. 그때 제가 찾은 기회가 바로 블로그였습니다. 어떤 이야기를 쓰건 파워 블로거만 되면 먹고살 수 있을 것 같더라고요. 아직 꿈을 찾지 못한 저에게 블로그는 언제든 꿈을 찾으면 하늘로 날아가게 도와줄 동아줄 같았어요.

　그렇게 무작정 시작했던 블로그 덕분에 꿈도 찾고, 직업도 갖게 되고, 좋은 인연들도 만나게 되었어요. 지금까지 해온 인생의 수많은 선택 중 가장 잘한 선택이라고 생각합니다. 블로그라는 매체가 제 꿈을 이뤄주고, 기회를 만들어주었으니까요.

　블로그를 하다 보니 찾게 된 저의 꿈은 '지식과 경험으로 타인의 성장을 돕는 일'이었어요. 소소한 일상이 누군가에겐 위로가 되고, 고민의 과정이 또 다른 누군가에겐 영감을 줄 수 있다는 사실을 알게 되었거든요. 그 사실이 참 감사하고 기쁘더라고요. 그렇게 교육업을 시작하게 되었습니다.

2013년, 처음에 했던 교육은 저처럼 하고 싶은 일을 찾아 헤매는 사람들을 위한 퍼스널 브랜딩 수업이었어요. 꿈을 찾아가는 과정이라서 '드림 브랜딩'이라고 이름을 지었습니다. 내가 좋아하는 게 무엇인지, 어떤 걸 잘하는지, 중요하게 생각하는 가치가 무엇인지 함께 고민하는 수업을 했어요. 매주 1회씩 만나서 깊은 대화를 나누고, 이 이야기를 블로그에 기록하는 것을 과제로 주었어요.

그렇게 다들 자신의 이야기를, 고민을, 진심을 담아 끄적끄적 블로그에 적어 내려가기 시작했습니다. 소위 말하는 알고리즘이나 키워드를 고민해서 쓰기보다는 온전히 내 이야기를 써 내려가는 데에 집중했는데요, 어떤 일이 벌어졌는지 아세요? 베스트셀러 작가, TV에 나오는 아티스트, 자기 브랜드를 론칭한 사장님, 좋아하는 사람들과 함께하는 커뮤니티 리더, 전국을 돌며 강의하는 강사까지. 그들의 이야기가 거름이 되어 싹이 나고, 꽃이 피어 꿈을 이루는 발판이 되어주었습니다.

요즘은 블로그뿐만 아니라 인스타그램과 유튜브 등 다양한 SNS를 통해 꿈을 이룬 사람들이 수도 없이 많아졌어요. 저 또한 블로그로 시작해서 페이스북으로, 유튜브로, 인스타그램으로 영역을 확장해서 더 많은 기회를 만들었습니다. 사실 어떤 채널을 운영하건, 똑같이 기회를 만들어낼 수 있습니다. 온라인 채널은 내가 어떤 사람인지 잘 담아주는 하나의 그릇이자, 더 많은 사람에게 내 이야기를 전해주는 다리 역할을 하니까요. 누군가에게는 인스타그램이, 또 다른 누군가에게는 유튜브가 좋은 날개가 되어줄 거예요.

그래서 블로그 책이지만, 블로그에 한정되지 않는 이야기를 담으려고 했습니다. 블로그라는 채널의 본질은 결국 글쓰기고, 글쓰기는 모든 콘텐츠 기획의 기초가 되는 것이기에 오히려 글쓰기에 조금 더 초점을 맞춰서 이야기를 풀어나갔어요. 사실 채널이 달라져도 원리는 동일하거든요. 내가 가진 생각, 경험, 지식을 글로 풀어낼 수 있으면 블로그, 인스타그램, 유튜브뿐만 아니라 앞으로 어떤 채널이 급부상하더라도 잘 활용할 수 있으리라 믿어요. 이 책을 통해 그 기본 원리를 이해하셨으면 합니다.

솔직히 고백하자면, 최근 3~4년간은 블로그를 열심히 하지 않았습니다. 대신 유튜브에 집중했고 구독자도 3만 명 넘게 생겼어요. 그런데 아이러니하게도 제 유튜브 채널에서 가장 인기 있는 영상이 바로 '블로그 키우는 법' 시리즈입니다. 아무리 인스타그램과 유튜브가 대세라고 하지만 여전히 블로그를 하고 싶어 하는 분들이 많다는 사실을 깨달았어요. 왜 그런지는 조금만 생각해보면 쉽게 답이 나오더군요. 블로그가 가장 쉽거든요.

제 동생도, 남편도, 가까운 친구도 유튜브와 인스타그램은 엄두를 못 내는데 블로그는 일단 시작이라도 해보려고 하더라고요. 사진과 영상이 가진 허들이 생각보다 높구나, 생각했답니다. 물론 저도 같은 이유로 유튜브 시작을 오랜 시간 망설였고, 여전히 인스타그램은 제 스타일이 아니라고 생각하긴 하거든요. 하지만 글은 우리에게 가장 익숙한 자기표현 수단이 아닌가 싶어요. 글을 매끄럽게, 논리적으로, 혹은 생생하게 잘 쓰는 건 두 번째 문제고, 일단 생각을 쓰는 것 자체는 어렵지 않으니까요. 그리고 생각보다 사람들은 뛰어난 글을 원하지 않아요. 솔직하고, 성실한 글을 더 좋아합

니다. 이건 누구나 마음만 먹으면 쓸 수 있는 글이죠.

저는 브랜드 컨설팅 일을 하는데요. 기업의 브랜딩에서도 정말 중요하다고 말하는 것 중 하나가 '스토리'입니다. 스토리가 있는 브랜드여야 사람들이 좋아하고, 응원하고, 팬이 되거든요. 퍼스널 브랜딩에서도 가장 중요한 게 바로 '스토리'라고 생각해요. 우리가 좋아하는 연예인을 떠올려봐도, 단순히 실력 그 이상의 매력에 끌리기 때문이잖아요. 그 매력은 스토리를 알아야 느낄 수 있고요. 나의 이야기만 차곡차곡 잘 담아도 사람들은 날 좋아하고 응원해준다는 사실을 믿어보셨으면 좋겠어요.

그런 이유로 저는 제가 가진 모든 온라인 채널 중에 블로그를 가장 사랑하고 아낍니다. 이따금 권태기가 와서 멀리하던 시절도 있지만 결국은 다시 찾게 되는 오랜 연인 같달까요. 그리고 신기하게도 저를 정말 좋아해주시는 분들은 저의 글과 블로그를 사랑해주세요. 유튜브에서는 지식과 정보를, 인스타그램에서는 가벼운 팁과 일상을 공유한다면 블로그에서는 가장 솔직한 저의 이야기를 남기고 있으니까요.

그래서인지 고민이 많은 날에는 여전히 블로그에 접속하여 일단 글쓰기 버튼을 누릅니다. 신기하게도 글을 쓰다 보면 생각이 정리가 되거든요. 그리고 저의 고민의 과정에 공감해주고 응원해주는 누군가의 댓글을 기다립니다. 그게 제가 오랫동안 이 일을 지속하는 데 큰 힘과 원동력이 되었어요. 얼굴도 모르는 누군가가 날 따스한 시선으로 지켜봐주고 있고 또 응원해주고 있다는 사실이 얼마나 든든한지 모릅니다.

그래서 블로그를 단순히 상위 노출이나 알고리즘과 같은 기술적인 측면으로만 접근하지 않았으면 좋겠어요. 당연히 알고리즘은 중요합니다. 내 글이 더 많은 사람에게 노출되는 방법에 대해서 고민하는 건 당연해요. 그래서 여러분이 꼭 알아야 할 알고리즘이나 기술은 책에 담았습니다. 하지만 그 이상의 꼼수는 없다는 사실을 미리 말씀드리고 싶어요. 수년간 네이버 블로그는 알고리즘을 개선해왔고, 최근엔 AI가 급속도로 발전하면서 더 이상 알고리즘을 파악하고 이에 맞춰 글을 쓰기가 불가능해졌거든요. 지금 이 순간에도 AI가 알고리즘을 업데이트시키고 있으니까요.

블로그 너머의 사람이 아닌, 기술과 알고리즘만 따지다 보면 AI는 좋아하지만 사람들은 좋아하지 않는 블로그가 될 거예요. 그걸 원하는 건 아닐 거라고 생각합니다. 양질의 콘텐츠, 내 글을 봐줄 독자들과 블로그 이웃들을 신경 쓴다면 블로그로 돈과 기회, 그 이상의 즐거움도 얻어 가실 수 있을 거예요.

퍼스널 브랜딩이라는 표현도 한 번 짚고 넘어가고 싶어요. 저는 퍼스널 브랜딩이 꿈을 이뤄주는 수단이라고 생각하거든요. 나를 잘 이해하고 잘 표현할 수 있어야 하는 게 가장 우선이고요. 그런데 요즘엔 퍼스널 브랜딩에 수익화, 파이프라인이라는 말이 종종 같이 사용되더라고요. 물론 퍼스널 브랜딩이, 블로그와 SNS가 더 많은 돈을 벌어줄 수 있는 것도 사실이에요. 하지만 수많은 사람이 검색하는 키워드, 돈이 되는 콘텐츠를 다루는 것이 퍼스널 브랜딩은 결코 아니라는 점을 이해해주셨으면 해요.

여러분의 콘텐츠가 부디 좋아하는 일에서 시작하는 것이길 바랍니다. 돈이 되는 분야와 주제, 키워드에 혹하지 마시고 내가 진짜 좋아하고 잘할 수 있는 일, 가치 있고 의미 있다고 생각하는 일을 찾아서 콘텐츠로 만들어 보세요. 내가 담겨 있지 않은 콘텐츠는 생명력이 매우 짧아요. 아무리 많은 사람이 검색해도 큰 의미가 없죠. 돈이 되는 일을 해야 돈을 버는 게 아니라 내가 사랑하는 일을 해야지만 영향력이 생기고, 지속할 수 있고 진정성과 열정에 더 많은 사람이 나를 찾아준다는 이 당연하고도 단순한 원리를 꼭 기억해주셨으면 좋겠어요.

좋아하는 일이 무엇이든 블로그는 튼튼한 날개가 되어줄 거예요.
좋아하는 일로 먹고사는 삶을 응원합니다.

보통의 인플루언서, **김인숙** 드림

목차

●● 02 _ 블로그, 시작이 어려워요

●● 07 _ 꾸준히 하기가 어려워요

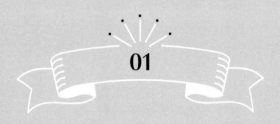

01

블로그에 글을 쓰니
인생이 바뀌었다

강연장에서 질문을 받았다.

"지난 10여 년을 돌이켜봤을 때, 가장 잘한 선택이 무엇이라고 생각하시나요?"

지금까지 했던 수많은 선택이 머리를 스쳐갔다.

"저는 직접 돈을 버는 것도 중요하지만, 돈을 벌 기회를 만들어주는 일이 더 중요하다고 생각합니다. 그렇게 따지면 블로그를 시작했던 것이 가장 잘한 선택 같아요. 블로그를 시작하고 모든 것이 바뀌었거든요."

뭐라도 해야 할 것 같아서

✳ 영어 공부라도 해야지

26살, 힘들게 공부해서 들어간 대학은 졸업하지 못했고 앞날은 캄캄했다. 학교에 다닐 땐 항상 모범생이었는데, 어느새 인생 레이스에서 뒤처져 열등생이 된 것 같았다. 불안하고 초조하고 막막했다. 취업 준비를 하자니 당장 학점 관리, 토익 점수 만들기, 공모전까지 해야 할 것투성이였다. 휴학한 지 오래인데 다시 모범생 모드로 돌아가려니 자신이 없었다. 뭔가 다른 방법은 없을까? 머리를 굴려보았지만 뾰족한 수가 없었다.

"별수 없지 뭐, 영어 공부부터 해야지."

막막할 땐 영어 공부가 정답이라고 생각했다. 대학교 전공을 선택할 때도 그랬다. 뭘 해야 할지 모르겠다고 했더니 아빠가 영어영문학을 추천했다. "넌 영어를 잘 못하는 편이니, 대학 가서 영어를 배워두면 어디든 써먹을 데가 있지 않겠니"라고 하면서 말이다. 아니, 영어를 못해서 원하는 대학을 못 가게 생겼는데 그 못하는 영어를 대학 가서 또 배우라니!

결국 나는 영어영문학과 대신 경영학과를 선택했다. 평소 재미있게 공부했던 경제는 물론, 보다 더 실용적인 것들을 배울 수 있는 전공이었기 때문이다. 물론 경영학과에서도 영어를 마주해야 했지만, 피할 수 있을 때까지 최선을 다해 도망 다녔다. 그 결과, 26살의 나는 토익 시험을 한 번도 보지 않았고 고등학교 3학년 수준의 영어 실력에 머물러 있었다. 아니, 그보다 더 후퇴했을지도 모른다.

"그래, 일단 영어 공부라도 다시 해야겠다!
토익 점수부터 만들어야 하나?"

어디서부터 시작해야 할지 모를 땐 인터넷에 물어보는 게 최고다. 노트북을 펼치고 초록색 화면에 영어 공부하는 법, 토익책 추천 등을 검색했다. 다양한 정보가 눈앞에 펼쳐졌다. 그중 눈에 띄는 글을 클릭해 하나씩 읽어나갔다. 이것저것 보다 보니 신기하게도 잘 읽히는 글이 있었다. 그 사람이 쓴 다른 글도 차례로 클릭하여 읽었다. 스크롤이 쭉쭉 내려갔다. 정신을 차려보니 새벽이었다. 그렇게 며칠 밤낮을 인터넷 세상 속에서 살았다. 생각보다 재미있는 글이 많았다.

영어 공부하는 법을 적어둔 누군가는 알고 보니 영어 공부를 열심히 하는 내 또래 남자였고, 그는 편의점 아르바이트도 하고 있었다. 영어를 꽤 잘하는 것 같았는데, 과거의 글을 읽어보니 카투사 출신이라고 했다. "아, 집안 형편 때문에 대학교 진학을 안 했구나. 참 열심히 사네." 그의 포스팅을 읽으며 나를 돌이켜보게 되었다.

또 다른 블로거는 책을 정말 열심히 읽었다. 쌓여 있는 책 리뷰 포스팅이 100개가 넘는 게 아닌가. 자기소개 글을 명확하게 적어두지는 않았지만, 블로그를 보다 보니 나랑 같은 학교에 다니는 동갑내기 친구 같았다. 학교에 다녀와서 올린 포스팅에 슬쩍 등장한 학교 사진이 낯익어서 금방 알아챌 수 있었다. 전공은 다른 것 같은데 경제 경영 서적을 많이 읽는 듯했다. '나랑 관심사가 비슷하구나, 기회가 되면 만나서 대화를 나눠보고 싶다'는 생각이 들었다.

놀라웠다. 블로그 글만 읽었을 뿐인데 사람이 보였다. 그 사람의 인생이 보이고, 관심사가 보이고, 심지어 직접 만나서 대화해보고 싶다는 생각도 들었다. 그렇게 온라인 세상에 빠져들었다. 막막한 마음에 영어 공부라도 해보려고 인터넷에 검색했을 뿐인데, 온라인 공간에서 새로운 세계를 만나게 된 것이다.

정말 재미있었고, 호기심이 일었다. 비슷한 수능 성적으로 같은 대학, 같은 학과에 들어와서 같은 분야를 공부하고, 당연하게 회계사 시험이나 대기업 취업을 준비하는 친구들의 비슷한 진로가 아닌 다양한 삶의 형태를 엿볼 수 있었기 때문이다. 꼭 대학에 가지 않아도 저렇게 열심히, 멋지게 살 수 있다는 사실을 배웠다. 취업하지 않고 창업이나 자기만의 길을 걷기 위해 고군분투하는 삶이 존재한다는 것을 알게 되었다. 큰 수확이었다. 불과 얼마 전까지만 해도 26살의 나는 취업 시장에서 도태된 열등생 같았는데, 또 다른 레일 위에서 뛸 수 있는 가능성이 희미하게 보이기 시작했다. 내가 아는 세계가 전부가 아니었던 것이다.

✳ 나도 파워 블로거가 되어볼까?

블로그를 보다 보니 나도 한번 해보고 싶다는 마음이 스멀스멀 올라왔다. 하지만 글쓰기에 자신이 없어 계속 주저했다. 블로그를 개설하려면 닉네임도 필요하고 제목도 지어야 하는데, 막연하기만 할 뿐 선뜻 손이 가질 않았다. 블로그를 보는 것과 블로그를 하는 것은 하늘과 땅 차이였다.

기억 저편에 대학교 친구 한 명이 블로그를 한다고 했던 사실이 떠올랐다. 찾아보니, 그 녀석의 블로그는 싸이월드에 있었다. 우리 시대엔 싸이월드가 대세였기 때문이다. 친구의 블로그를 찬찬히 살펴보았다. '아, 이 친구가 사진 찍는 걸 좋아했구나.' 항상 술 마시며 시답지 않은 이야기나 주고받았기에, 친구가 무얼 좋아하는지 생각해본 적도 없었다. 내가 휴학한 사이 친구는 열심히 대외활동과 취업 준비를 한 모양이었다. 갑자기 부러워졌다. 사촌이 땅을 사면 배가 아프다고 했던가. 전혀 모르는 사람이 아닌, 같이 술 먹고 농담 따 먹기나 하던 친구가 블로그를 하고 있으니 왠지 나도 해볼 수 있을 것 같았다. 아니, 정말 시작해봐야겠다는 생각이 들었다.

2011년 10월 29일, 그렇게 첫 포스팅을 시작했다. 제목은 '곤지암 리조트, 보드 타러 가다!'였다. 여러 블로그를 살펴보니 사진이 꼭 필요해 보였고, 내 경험을 리뷰 형식으로 남겨야 할 것 같았다. 싸이월드 사진첩을 뒤져보니, 다행히 리조트에 가서 이곳저곳을 찍어둔 사진이 있었다. '그래, 이것부터 시작하자' 하고 가볍게 마음을 먹었다. 누군가에게 보여주려고 찍은 사진도 아니었기에 흔들린 사진도 여럿이고, 화질도 좋지 않았다. 하지만 뭐 어떤가. 올려보는 데 의의가 있는 거지, 뭐.

막상 해보니 글을 쓰는 것은 어렵지 않았다. 사진을 올리고, 일기처럼 주절주절 글을 썼다. 정해진 형식이 없어서 오히려 편했다. 문제는 뭘 써야 할지 모르겠다는 것. 사진첩을 뒤지고 뒤져도 더 이상 쓸 만한 소재가 보이지 않았다. 블로그에 지속적으로 글을 써야 하는데, 소재가 떨어지면 안 되는 것이 아닌가.

방향을 바꿔 책 리뷰를 쓰기 시작했다. 내 관심 분야인 동시에 끊임없이 소재가 생겨나는 주제라고 생각했기 때문이다. 그 당시엔 블로그 방문자 수를 늘리는 방법이나 알고리즘 따위엔 전혀 관심도 없었다. 그저 뭐라도 쓸거리를 찾아서 올리는 데에 집중했다. 싸이월드 미니홈피를 뒤져 예전에 놀러 다녀온 경험도 올리고, 요리 블로거들처럼 요리 과정을 하나하나 사진 찍어 포스팅해보기도 했다. 물론 요리를 하면서 사진을 찍기란 정말 어렵다는 사실을 깨닫고 딱 한 번 해본 뒤 포기했지만 말이다.

이것저것 시도해보며 뭐라도 올리다 보니 차츰 블로그 방문자 수가 늘어났다. 어느 날은 전혀 모르는 사람이 댓글을 남기기도 했다. 신기했다. 어떤 사람인지 궁금해서 그의 블로그를 방문했고, 올라온 글을 몽땅 다 읽었다. 친밀감이 들었다. 그렇게 얼굴도 모르는 사람과 블로그 안에서 소통하는 재미를 느끼게 되었다.

조회 수가 늘고, 공감과 댓글 수가 늘어나면서 차츰 욕심이 났다. 나도 '파워 블로거'가 되고 싶다는 생각이 꿈틀대기 시작했다. 파워 블로거란 네이버에서 1년에 한 번 선정하는 분야별 영향력 있는 블로거를 뜻했다. 파워 블로거가 되면 블로그 메인 홈에 배지가 달렸는데, 이게 얼마나 멋있어 보였는지. 온라인 세상에선 이 배지가 그 사람의 영향력을 상징했다. 지금으로 치면 인스타그램의 파란 배지와 같달까. 이제는 그 제도가 사라졌지만, 당시엔 블로그를 열심히 하는 사람이라면 다들 파워 블로거를 목표로 삼았다. 파워 블로거가 되면 블로그만으로도 월급 이상의 돈을 벌 수 있다는 이야기도 들었다. 블로그를 하다가 책을 쓰는 사람도 있고, 강연을 하는 사람도 있었다. 신기한 세상이었다.

언젠가 대중 앞에서 강의를 하는 사람이 되고 싶었다. 내 이름으로 책한 권 내보고 싶은 꿈도 있었다. 그런데 블로그를 열심히 해서 파워 블로거가 되면 책도 내고 강의도 하고, 무엇보다 취업 안 해도 먹고살 수 있을 만큼 돈도 벌 수 있다니! 이 사실을 알게 된 순간부터, 더 이상 나에게 취업을 위한 영어 공부는 필요하지 않았다.

블로그 세상에 빠져들면서 취업보다는 파워 블로거가 되는 게 더 중요한 목표가 되었다. 그때부턴 내가 쓰고 싶은 글이 아니라 사람들이 읽고 싶은 글을 쓰기 위해 노력했다. 본격적으로 온라인 세상에서의 첫 단추를 끼운 것이다.

블로그가 불러온 변화

✳ 환경을 바꿀 수 있다

부모들이 기를 쓰고 학군 좋은 도시로 이사 가는 이유, 바로 환경 때문이다. 모두가 열심히 공부하는 환경에서 내 아이가 더 열심히 공부할 확률이 높으니까. 성공하고 싶다면, 더 나은 삶을 살고 싶다면 내가 꿈꾸는 삶을 이미 이룬 사람들, 혹은 같은 목표를 바라보며 하루하루를 열심히 살아가는 사람들 곁으로 가야 한다.

온라인 세상은 그걸 가능하게 해준다. 이사하지 않고도 강남 8학군뿐 아니라 전 세계 어디든 접근할 수 있다. 가령, 디지털 노마드가 되고 싶다면 전 세계에서 디지털 노마드로 일하고 있는 사람들을 만나면 된다. 그들의 삶을 보다 가까운 거리에서 지켜보면 어느새 나도 할 수 있을 것 같다는 자신감을 얻게 된다. 지인에게만 알려줄 법한 솔직한 이야기, 실질적인 노하우도 들을 수 있다. 그렇게만 되면 보다 쉽게 그 세계에 뛰어들 수 있다.

요즘은 프리랜서나 1인 기업 형태로 일하는 사람도 많고 강사나 작가,

크리에이터와 같은 직업도 보편화되었지만 10여 년 전만 해도 직장인의 삶이 일반적이었다. 대학을 졸업하면 당연히 취업을 해야 한다고 생각했고, 창업을 생각하는 사람은 극소수였다. 애초에 선택지가 다양하지 않았기 때문에 좁은 문을 열기 위해 모두가 한곳을 바라보며 전력 질주했고, 경쟁에서 밀리면 인생이 끝난 것처럼 느끼는 게 보편적이었다.

하지만 세상은 넓고 삶의 형태는 다양하다. 내가 그 세상을 모를 뿐이다. 새로운 세상이 있다는 것을 알게 되면 모두가 좁은 문을 향해 피 튀기며 뛸 필요가 없다. 블로그는, 온라인은 내가 몰랐던 새로운 세계를 만날 수 있는 문이 되어준다. 블로그뿐만 아니라 인스타그램, 유튜브, 틱톡, 무엇이든 상관없다. 궁금한 세상이 있다면 검색해보자. 몇 초 만에 몰랐던 세계와 연결될 수 있다.

여전히 많은 사람이 직장 생활을 당연하게 여긴다. 그럴 수밖에 없다. 우리 부모가, 친한 친구가, 형제자매가 직장인일 테니까. 아무리 유튜버가 돈을 잘 번다고 해도, 친구의 친구가 강사라는 직업으로 한 달에 천만 원 이상을 번다고 해도, 절대 가깝게 느껴지지 않는다. 하지만 내 동생이 블로그로 한 달에 천만 원을 번다면 어떨까? 친구가 블로그로 공동구매를 해서 돈을 잘 벌고, 블로그 덕분에 남편의 가게 매출이 급성장한다면 갑자기 나도 해보고 싶다는 생각이 들 것이다. 아니, 나도 잘할 수 있다는 자신감이 바로 생길지도 모른다.

이렇듯, 환경은 정말 중요하다. 성장하고 싶다면, 변화하고 싶다면 환경을 바꿔보자. 온라인이 이를 가능하게 해줄 것이다. 머지않아 놀라운 세상이 펼쳐질 것이다.

멋진 사람들을 만날 수 있다

내 주변에는 멋진 사람이 많다. 성장하고자 하는 욕구가 강하고, 자신의 삶에 최선을 다하는 사람들. 종사하고 있는 분야에 대한 전문성이 뚜렷하고, 그것을 바탕으로 멋진 삶을 만들어가는 사람들. 놀랍게도 이들 대부분은 온라인을 통해서 만났다. 내 블로그를 보고 먼저 연락을 주거나 블로그 글을 보다가 내가 운영하는 교육 프로그램에 등록한 사람들이 대다수다. 나의 일상과 관심사를 이미 알고 있는 사람들이기 때문에 대화가 잘 통할 수밖에 없었고, 자연스레 친해질 수 있었다.

모니터 너머의 사람들을 실제로 만나고 인연으로 발전할 수 있다니. 정말 대단한 일이다. 관심사가 비슷한 사람을 만나서 친구가 되고, 심지어 블로그에서 만나 함께 사업을 하고 결혼을 하기도 한다. 학창 시절까지는 수동적으로 인간관계를 맺었다면, 이제는 주도적으로 관계를 맺어야 한다. 내가 꿈꾸는 삶을 이미 살고 있는 사람, 나에게 조언을 해줄 수 있는 사람, 관심사가 비슷해 시간 가는 줄 모르고 수다 떨 수 있는 사람들까지. 마음만 먹으면 그들과 연결될 수 있다. 깊은 관계로 발전하는 것도 충분히 가능하다. 그런 사람들과 가까워지면 내 삶이 바뀌는 것은 시간문제.

이십 대 후반의 나는 취업이 아닌 다른 길을 걷고 싶었다. 하지만 어떻게 시작해야 할지 막막했다. 그럴 땐 이미 그 길을 앞서 걷고 있는 사람들과 함께하는 게 최선이라고 생각했다. 멋지다 생각하는 사람이 생기면 그가 주최하는 강연에 찾아갔고, 따로 메시지를 보내 만나고 싶다고 요청하기도 했다. 그렇게 내가 만나고 싶은 사람들을 주도적으로 찾아다니기 시작했고 인연을 발전시켜나갔다. 20대 후반부터 30대 중반까지 약 8년간 함께 커뮤니티를 운영했던 '어썸피플' 멤버들도 그렇게 만났다.

처음엔 블로그 글을 읽다가 빠져들었고, 만나고 싶다는 메시지를 보냈고, 팀으로 함께하고 싶다고 청했다. 어썸피플 멤버들은 이미 자기 계발 시장에서 활동하고 있는 사람들이었고, 인지도와 영향력이 있었다. 이런 멋진 사람들과 함께라면 무엇이든 해볼 수 있을 것만 같았다. 그들과 함께 새로운 도전을 하고 싶다는 마음을 담아, 내가 그들에게 도움을 줄 수 있는 부분을 적극적으로 어필했다. PPT로 제안서까지 써서 보냈을 정도였다. 그 당시의 나의 용기가 참 놀랍고 기특하다. 블로그가 아니었다면 내가 이런 사람들을 만날 수 있었을까. 나의 열정과 간절한 마음이 통했는지 그들은 날 받아주었고, 자기 계발 교육 프로그램부터 독서 모임까지 다양한 프로그램을 함께 운영하며 커뮤니티를 안정적으로 운영할 수 있었다.

뭘 해야 할지 몰라 막막한 마음에 한동안 온갖 자기 계발 서적을 탐독하던 시기가 있었다. 성공한 사람들의 이야기를 읽으며 용기를 내고, 의지를 불태웠다. 하지만 금세 시들해졌다. 성공한 그들은 나와 너무 다른 세계의 사람 같았으니까. '그래서, 지금의 나는 뭘 어떻게 해야 하는데?'에 대한 답을 찾기는 힘들었다.

하지만 블로그에서 만난 사람들은 손을 뻗으면 닿을 수 있는 거리에 있다. 일방적으로 그들의 글을 읽고 감탄하는 데서 그치지 않고 언제든 소통할 수 있고, 조금만 더 용기를 내면 직접 만날 수 있으며, 적극성까지 겸비한다면 인연으로 발전시킬 수도 있다. 블로그는 단순히 글을 읽고 정보를 얻는 곳이 아니라, 사람을 만날 수 있는 곳임을 꼭 기억하자.

* 원하던 직업을 가질 수 있다

처음엔 막연히 '어딘가에 도움이 되겠지' 하는 가벼운 마음으로 블로그를 시작했다. 그런데 놀랍게도 나는 블로그 덕분에 마케터가 되었다.

블로그를 시작했을 당시, 나는 좋아하는 일을 찾아 헤매는 중이었다. 책 안에서 답을 구하고자 매일 책을 한 권씩 읽었고, 다른 사람들과 함께 읽으면 더 좋을 것 같아 직접 독서 모임을 만들었다. 주 1회 모임을 통해 다양한 사람들과 교류하다 보니 자기 계발서나 에세이보다는 내 전문 분야에 맞춰 책을 읽어야겠다는 생각이 들었다. 문제는 어떤 분야를 내 전문 분야로 정해야 할지 막막했다는 점이다.

경영학을 전공했지만 무엇을 해야 할지 몰랐다. 교수님들은 회계사 자격증을 추천했고, 친구들 상당수가 회계사 공부를 했다. 회계 공부가 어렵진 않았지만, 회계사가 되고 싶진 않았다. 나는 마케팅 수업이 제일 재미있었다. 다양한 사례를 배우는 것도 좋았고, 마케팅 관점으로 문제를 해결하는 것도 좋았다. 다만 대기업 마케터가 되는 것은 너무 좁은 문이었기 때문에 일찌감치 포기한 상태였을 뿐이다.

그럼에도 불구하고, 전문 분야를 하나 결정해야 한다면 그래도 마케팅이 낫지 않을까 생각했다. 재미있는 분야를 공부해야 콘텐츠도 즐겁게 만들 수 있을 테니까. 그렇게 마케팅 책을 읽기 시작했고, 블로그에 책 리뷰가 조금씩 쌓여갔다. 복학한 뒤에도 마케팅 수업을 집중적으로 들었고, 수업 내용을 정리해서 블로그에 올렸다. 매주 마케팅 케이스를 한 가지씩 찾아서 제출하는 과제가 있었는데, 과제를 제출하고 나서 블로그에 내용을 정리해서 올리기도 했다. 대학 수업을 리뷰하다니, 정말 참신한 발상이었다.

그러자 놀라운 일이 벌어졌다. 내 블로그를 보는 사람들이 나를 '마케팅하는 사람'으로 인식하기 시작했다. 그저 공부한 내용을 정리해 올린 것뿐인데도 콘텐츠가 나를 설명하는 역할을 해준 것이다. 그즈음엔 블로그 운영 방법도 익히기 시작했던 터라 하루 방문자 수도 1,000명을 가뿐히 넘었다.

경영학 전공에 마케팅 공부를 열심히 하는 일 방문자 1,000명 이상의 파워 블로거

사람들이 나를 이렇게 인식하기 시작하면서 지인들이 블로그 마케팅 방법을 문의하기 시작했다. 대부분 본인의 직장이나 사업장을 홍보하기 위함이었다. 하루는 같이 아르바이트를 하던 동생에게 연락이 왔다. 친구가 헬스 트레이너인데 최근 블로그 방문자 수가 급락했다며, 한 번 만나서 상담을 받고 싶다는 문의였다. 이 연락을 계기로 나는 그 헬스 트레이너의 퍼스널 브랜딩과 마케팅을 해주었고, 성공적으로 퍼스널 브랜딩 매니지먼트를 시작하게 되었다. 그녀의 블로그뿐만 아니라 페이스북, 유튜브까지 같이 운영하며 6개월 만에 인플루언서로 만들었고, 월 1천만 원 이상의 매출도 달성했다. 덕분에 나는 '마케팅 공부를 열심히 하는 블로거'에서 나아가, '퍼스널 브랜딩과 마케팅을 잘하는 전문가'로 인식될 수 있었다.

인식이 바뀌니 동시다발적으로 다양한 연락들이 쏟아졌다. 특히 페이스북으로 만나자는 요청이 많이 들어왔다. 당시 페이스북에도 짤막하게 일상 글을 올리곤 했는데, 그걸 보고 나에게 관심을 가진 분들이 블로그로 넘어왔고, 블로그 글을 읽다가 만나자고 연락까지 하는 프로세스였다. 주로 스타트업 대표님들이 그랬다. 당시 창업에 관심이 생겨 사업가, 스타트업 종사자들을 팔로우했더니 자연스럽게 연결된 것이다. 사람이 필요하지만 돈은 넉넉지 않은 스타트업 특성상, 대표님들에게 내가 꽤 매력적인 친구로 느껴졌던 것 같다.

"저희 회사 마케팅을 맡아주셨으면 해요."

하루는 한 IT 스타트업 대표님이 제안을 해 오셨다. 이제 시작하는 팀이라 정규 직원을 뽑을 순 없으니, 파트타임으로라도 마케팅을 해주면 안 되겠냐고 물으셨다. 나는 마케팅을 공부하는 학생이지 아직 실무 경험은 없어서 자신이 없다고 말했다. 하지만 대표님은 강경했다. 블로그를 운영하는 것만큼만 해주면 된다고 하셨다. 그렇게 나는 그 회사의 마케팅 팀원으로 합류했다. 마케터로서의 첫 커리어가 시작된 것이다.

마케팅은 특히나 경력을 중시하는 분야다. 마케팅이라는 학문은 보통 케이스 스터디, 즉 사례를 기반으로 공부한다. 잘된 마케팅 캠페인을 분석하여 인사이트를 도출하지만, 여기서 얻은 지식을 다른 상품에 그대로 적용한다고 동일한 결과가 나오지는 않는다. 그러니 지식보다 경험이 더 중요할 수밖에. 이런 이유로 지금도 마케터는 신입으로 시작하기 힘든 직업 중 하나다. 그렇게 어려운 자리에, 취직 대신 블로그를 선택했던 내가 들어가게 되었다. 블로그가 나의 포트폴리오가 되어준 덕분에 실제 업무를 해볼 수 있는 소중한 기회를 얻게 된 것이다.

다행히 블로그를 운영하면서 쌓아온 노하우가 있었기 때문에 기업의 블로그를 운영하는 것도 크게 어렵지 않았다. 학교에서 배운 마케팅 전략과 블로그 운영 방법을 접목해서 콘텐츠를 하나씩 쌓아나가다 보니 일 방문자 1,000명은 쉽게 만들 수 있었다. 하지만 실전에서는 매출이 중요했다. 단순히 블로그 방문자 수를 늘리는 것 이상의 결과를 만들어야 했다. 어떻게 하면 블로그에 유입된 사람들이 홈페이지까지 넘어가게 할 수 있을지 고민하기 시작했고, 다양한 테스트를 통해 성과를 쌓아나갔다. 그 과정에서 온라인뿐만 아니라 오프라인 행사도 기획하고, 다른 채널로도 확장하는 등 다양한 시도를 해보고, 블로그를 마케팅 채널로서 어떻게 활용해야 할지 많이 고민하고 배울 수 있었다.

마케터가 아니더라도 블로그를 통해 취업하거나 일할 기회를 얻은 사례는 무수히 많다. 꼭 회사에 이력서를 제출하고 면접관 앞에서 발표를 해야만 나를 어필할 수 있는 게 아니다. 온라인 공간에 나를 잘 담아두면 언제 어디서 나를 필요로 하는 사람이 나타날지 모른다. 그러니 내가 원하는 삶이 있다면, 목표하는 무언가가 있다면 더욱더 적극적으로 온라인에 나를 기록하고 보여주자.

✳ 돈을 벌 수 있다

블로그 초기엔 체험단 활동으로 돈을 아꼈다. 본격적으로 블로그가 나에게 돈을 물어다 준 것은 강의를 시작하면서부터다. 마케팅과 퍼스널 브랜딩, 꿈을 만들어가는 여정을 꾸준히 기록한 블로그 덕분에 사람들이 나를 조금씩 신뢰하기 시작했다. 독서 모임 운영자로서 오프라인에서 사람들을 꾸준히 만난 것도 큰 몫을 했다. 용기를 내어 퍼스널 브랜딩 특강을 하겠다고 공지를 올렸고, 독서 모임을 운영하던 네이버 카페와 블로그를 통해 총 여섯 명이 참여했다. 한 사람당 2만 원씩 받았으니 총 12만 원을 번 셈이다.

그 이후로도 한 달에 한 번씩 꾸준히 특강을 진행했다. 회당 2만 원이었던 금액은 5만 5천 원이 되었고, 한 번에 평균 15명이 모이는 수준이 되었다. 강의 한 번에 약 80만 원 정도의 돈을 벌 수 있게 된 것이다. 그뿐만 아니라 6~8주 코스의 정규 교육 프로그램도 론칭했는데, 블로그만으로도 충분히 모객을 할 수 있었다. 블로그가 없었다면 내가 하고 싶은 교육을 세상에 선보일 수 없었을 것이다. 블로그 덕분에 하고 싶은 이야기를 할 수 있었고, 도움이 필요한 분들께 닿을 수 있었으며, 그 대가로 돈도 벌 수 있었다.

직접 교육 프로그램을 운영하는 것뿐만 아니라 블로그를 성장시킨 경험을 바탕으로 기업에 가서 블로그와 마케팅, 퍼스널 브랜딩 강의도 하게 되었다. 지금도 여전히 블로그를 보고 강의를 요청하는 사람들이 많다. 오늘도 우리나라 대기업 담당자가 블로그를 보고 연락한다며 강의 요청을 해왔다. 막연하게 꿈꾸던 강사 생활을 시작하게 된 것도, 꾸준히 강의를 하면서 돈을 벌게 된 것도 다 블로그 덕이다.

직접 만든 책과 PDF 전자책 판매도 블로그 덕분에 순항 중이다. 내가 하는 일이 무엇이건, 내가 판매하는 상품이 무엇이건 블로그를 잘 활용한다면 충분히 수익으로 연결할 수 있다. 블로그 하나만 잘 키워도 충분히 먹고살 수 있는 시대다.

✳ 나만의 데이터 센터를 가질 수 있다

얼마 전 치앙마이로 여행을 다녀왔다. 치앙마이에 거주하는 태국인 친구들과 함께 술자리를 가졌는데 놀랍게도 그들의 대화 주제에 MBTI가 등장했다. MBTI가 한국에서만 유행하는 건 아니었나 보다. 처음 본 외국인 친구들이지만 서로의 MBTI를 이야기하며 빠르게 친해졌다. "언니, 에니어그램은 뭐예요?" 태국인 친구가 불쑥 물었다. MBTI도 놀라운데 에니어그램이라니. 나도 이런 테스트를 좋아하지만, 친구가 한 수 위였다. 오래전, 블로그를 시작했을 즈음에 인터넷으로 에니어그램을 진단하고 그 결과와 과정을 블로그에 포스팅한 적이 있었다. 당시 내 블로그 조회 수 Top을 찍었던 콘텐츠이기도 하다. 그저 진단 기록을 포스팅했을 뿐인데 사람들이 검색해서 찾아본다는 사실이 신기했던 기억이 났다.

워낙 오래전에 했던 테스트라 그런지 진단 결과가 정확히 기억나지 않았다. 곧장 블로그 앱을 켜서 예전 블로그 아이디에 남아 있던 에니어그램

포스팅을 찾아냈다. 덕분에 우린 대화를 이어갈 수 있었다. 포스팅으로 기록해두지 않았다면 영영 기억하지 못했을 것이다.

초등학교 3학년부터 6학년까지, 하루도 빠짐없이 일기를 썼다. 물론 학교에서 시켜서였다. 공책의 한 면이 꽉 차도록 무언가를 써 내려갔다. 결론은 항상 '참 재미있었다'였지만 그럼에도 불구하고 하루를 기록하는 습관은 나에게 많은 것을 가져다주었다. 가장 큰 선물은 글을 쓰는 힘을 만들어준 것이다. 하루하루의 글이 모여 수십 권의 공책이 남았다. 하지만 대단할 것 없는 사소한 일상을 쓴 글이라는 생각에 성인이 되어 짐을 정리하면서 일기장을 다 버렸다. 이후 진로 고민을 시작하면서 과거의 흔적을 뒤져보는 시간을 가졌는데, 그제서야 일기장을 버린 것이 후회됐다. 별것 아닌 일상이었겠지만, 다시 보면 분명히 얻을 수 있는 게 있었을 텐데. 왜 그 당시엔 소중함을 몰랐을까? 아쉬웠다.

유년 시절의 기록은 사라졌지만, 다행히도 20대 중반부터의 일상은 여전히 블로그에 남아 있다. 요즘은 1년 전 오늘, 5년 전 오늘이라며 같은 날짜에 쓴 과거의 기록을 블로그가 소환해준다. 5년 전에도 내가 같은 생각을 하고 있었구나, 3년 전에는 내가 힘들었구나, 2년 전 오늘은 가족들과 행복했구나. 이렇게 과거를 떠올리다 보면, 당시엔 죽을 만큼 힘들었던 기억도 이제 와서 보면 별것 아니라는 사실을 깨닫는다. 치열했던 과거의 기록을 보며 지금의 나를 만들어준 그 시간에 감사함도 느낀다.

최근 '좋아하는 일만 하고 삽니다'라는 강연을 론칭했다. 10여 년간 좋아하는 일만 하면서 살고 있는 내 경험과 히스토리를 들려주는 강연이다. 히스토리를 설명하려면 과거의 경험을 꺼내야 하고, 그 순간을 보여주는 사진도 찾아야 한다. 이 역시 블로그에 꼼꼼히 기록해둔 덕분에 쉽게 찾아서 정리할 수 있었다. 당시엔 별것 아닌 기록이었는데, 시간이 흘러 나의 소중한 브랜드 스토리텔링 소재가 된 것이다.

지금의 기록도 언젠가 되돌아보면 의미가 있을 거라고 믿어 의심치 않는다.《조선왕조실록》처럼 대단한 역사적 기록은 아닐지라도, 적어도 나에게만큼은 의미 있는 나의 시간들이 차곡차곡 쌓이는 공간. 이게 바로 블로그가 가진 엄청난 힘이다.

블로그부터 시작해야 하는 이유

✳ 누구나 시작할 수 있다

"SNS 종류가 너무 많아요. 다 하기는 어렵고,
하나만 한다면 어떤 게 좋을까요?"

사실 가볍게 시작하기엔 인스타그램이 가장 쉬워 보인다. 사진 한 장 찍어 올리고, 한두 줄의 짧은 글만 올려도 콘텐츠가 완성되기 때문이다. 하지만 인스타그램을 잘하고자 한다면 사진 한 장에도 제법 많은 노력을 기울여야 하고, 짧은 글을 읽기 좋게 쓰는 능력도 필요하며, 적절한 해시태그를 찾아서 입력해야 한다. 관심사가 비슷한 사람들을 찾아가 '좋아요'를 누르고 댓글을 남기는 등의 소통 활동도 필수다.

요즘엔 정보성 카드 뉴스나 스토리텔링이 가미된 인스타툰, 1분 이내의 짧은 영상인 릴스를 만들어 올리면 더 많은 사람에게 잘 노출된다. 카드 뉴스를 만들기 위해서는 간단한 디자인 역량뿐만 아니라, 중요 내용을 짧고 임팩트 있게 글로 쓰는 역량이 필수다. 인스타툰을 하려면 당연히 그림 그리는 실력이 필요하며, 릴스를 찍기 위해서는 영상 편집 방법도 익혀야 한다. 그냥 하기엔 쉽지만 '잘'하긴 어려운 SNS가 인스타그램이다.

유튜브는 더 설명할 것도 없다. 일단 장비가 필요하다. 카메라, 조명, 마이크부터 편집을 위한 유료 프로그램을 구매하는 경우도 많다. 물론 스마트폰으로 가볍게 시작하는 것도 가능하지만, 더 잘하고 싶은 마음에 기꺼이 장비에 돈을 투자하는 경우가 허다하다. 하지만 카메라 앞에서 말을 하는 것은 결코 쉬운 일이 아니며, 브이로그라도 찍을라치면 일상생활 속에서 카메라를 들이밀어야 한다. 어찌어찌 영상을 찍었다고 쳐도, 컷 편집을 하다 보면 지치고 만다. 고작 10분짜리 영상 하나를 편집하는 데에 10시간 이상 걸리기도 하니 말이다.

이것저것 다 따지다 보면 결국 답은 블로그다. 분량이나 형식에 대한 틀이 없다. 글, 사진, 영상 모두 자유롭게 활용이 가능하다. 대부분 네이버 아이디는 하나쯤 가지고 있을 테니, 블로그를 하기 위해 새로 가입하는 절차도 필요 없다. 네이버에 로그인하고, 블로그 메뉴로 들어가 글쓰기 버튼만 누르면 바로 글을 쓸 수 있다.

사실 블로그를 시작하기 전에는 오디오 콘텐츠를 만들고 싶었다. 어린 시절 장래 희망이 라디오 DJ였기 때문이다. 꿈을 실현하고자 팟캐스트를 운영하려 했는데 막상 시작하려니 막막했다. 내 목소리도 마음에 들지 않았다. 그에 반해 블로그는 내 이름도, 얼굴도, 신상도 공개하지 않고 이것저것 올릴 수 있어 부담이 적었다. 핸드폰 사진첩을 뒤져 과거의 일상을 소환하고 일기처럼 끄적거리니 금세 글 하나가 완성되었다.

유튜브, 인스타그램, 틱톡 등 사진 및 영상 중심의 플랫폼은 자기 자신이 드러나야 한다. 하지만 블로그는 내 얼굴이 드러나지 않아도 얼마든지 할 수 있다. 인플루언서가 되고 싶다면 얼굴을 공개하면 그만이다. 너무 유명해지는 건 부담스럽지만 온라인으로 자유롭게 돈을 벌고 싶은 사람이라면 블로그로 입문하기를 추천한다. 잘 쓰고 싶은 마음을 버리고 가볍게 시작해보자.

＊누구나 돈을 벌 수 있다

유튜브로 돈 벌기, 인스타그램으로 돈 벌기, 블로그로 돈 벌기, 틱톡으로 돈 벌기. 온갖 온라인 채널로 돈을 버는 방법이 흘러넘치고 있는 세상이다. 물론 나도 《SNS로 돈 벌기》라는 책을 통해 각각의 채널을 이용하여 돈 버는 방법을 안내한 바 있다.

틀린 말은 아니다. 온라인 채널은 개인의 영향력과 인지도를 키워준다. 영향력과 인지도가 돈을 벌어다 주는 시대이므로, 잘만 활용하면 남부럽지 않은 고수익자 반열에 올라갈 수 있다. 하지만 안타깝게도 모두에게 해당되는 말은 아니다. 누구나 할 수 있지만, 아무나 될 수 없는 영역이다.

영향력과 인지도 없이도 돈을 벌 수 있는 채널, 바로 네이버 블로그다. 네이버 블로그는 '검색' 중심 플랫폼이다. 다수의 사람이 궁금한 무언가를 검색했을 때, 상단에 노출되는 것이 가장 중요하다. 내가 얼마나 유명하고 대단한 사람인지는 중요하지 않다. 다수에게 내 콘텐츠가 노출되는 힘만 있다면, 즉 상위 노출을 시킬 수 있다면 내 블로그에 리뷰를 써달라고 요청하는 업체들이 줄을 서게 된다. 무료로 제품이나 서비스를 이용하는 것은 기본이고, 원고료도 받을 수 있다. 더불어 어느 정도 채널이 성장하고 방문자 수도 많아지면 애드포스트 수익이나 제휴 마케팅 등 다양한 방식으로도 돈을 벌 수 있다.

＊ 온라인 마케팅의 기본기를 쌓을 수 있다

블로그만 잘 알아도 온라인 마케팅 기본기는 마스터할 수 있다. 선배 마케터들이 마케터를 꿈꾸는 취업 준비생에게 블로그부터 권하는 데에는 다 이유가 있다. 블로그를 키우기 위해서 노력하다 보면 자연스럽게 온라인 마케팅 스킬이 쌓일 수밖에 없기 때문이다.

온라인 마케팅의 핵심은 '키워드'다. 소비자가 무엇을 원하는지 이해하고, 그것을 검색창에 '어떤 단어'로 검색하는지 알아차리는 게 중요하다. 인스타그램과 유튜브가 대세라고 하지만 여전히 수많은 기업이 '네이버 검색마케팅 광고'에 돈을 쏟아붓고 있다. 검색했을 때 내 브랜드가 제일 위에 뜨기만 해도 매출이 기하급수적으로 오르기 때문이다.

보기엔 쉬워 보이지만 사실 간단하지는 않다. 소비자들이 어떤 단어로 검색하는지 알아야 하고, 단어의 검색량이 너무 적어도 안 된다. 경쟁자들이 같은 키워드로 글을 많이 써두었거나, 광고비를 많이 쓰고 있다면 다른 키워드를 고민해야 할 수도 있다. 블로그 하나 키우는데 이렇게 많이 고민해야 하는 거냐고 반문할 수 있지만, 실제로 많은 블로거가 글을 쓸 때마다 '사람들이 좋아할 만한 소재'와 '검색 키워드'를 고려해서 포스팅한다. 이런 일련의 과정이 축적되면 웬만한 마케터 저리 가라 할 실력자가 될 수 있다.

키워드 분석이 끝났다면, 그 키워드로 글을 잘 쓰는 방법을 고민해야 한다. 적절한 이미지를 넣어야 하니 사진을 잘 찍기 위한 공부를 하게 되고, 간단한 이미지 편집 기능도 마스터하게 된다. 블로거 중에 수준급 사진 실력을 갖춘 사람이 많은 것도 이 때문일 거다. 사진을 잘 찍고 싶어서가 아니라 블로그를 잘하고 싶어서, 좋은 콘텐츠를 만들고 싶어서 사진 기술을 배운 경우다.

기쁜 소식은 이렇게 얻은 노하우와 스킬은 다른 SNS 채널에서도 유용하게 쓰인다는 것이다. 유튜브 콘텐츠를 만들 때도 사람들이 많이 검색할 만한 주제를 찾을 수 있고, 인스타그램 해시태그를 작성하는 일도 어렵지 않다. 블로그를 통해 글 쓰는 훈련을 잘해둔 사람은 유튜브 대본을 쓰는 것도, 인스타그램용 카드 뉴스를 만드는 것도 한결 수월하다.

반대로 인스타그램과 유튜브를 잘하는 사람이 블로그로 채널을 확장했을 때, 블로그 문법을 전혀 이해하지 못해서 이상하게 운영하는 경우가 많다. 그때마다 '인스타그램 하듯이 블로그 하시면 안 돼요'라고 반복적으로 말씀드린다. 흥미로운 지점이다. 물론 채널별 특징을 익혀야 하긴 하지만, 블로그를 하며 얻은 기본 스킬은 어떤 채널에서도 잘 활용할 수 있다. 내가 바로 산증인이다. 블로그를 마스터하니 인스타그램, 유튜브 등의 채널로 확장할 때 큰 공부가 필요 없었다. 앞으로도 계속해서 다양한 SNS 플랫폼이 생겨나겠지만, 기본을 알고 있으면 적응하는 건 어렵지 않다. 그 기본기, 블로그를 키우면서 쉽게 익힐 수 있다.

블로그는 한물간 것 아닌지, 여전히 괜찮은지 묻는 사람들이 종종 있다. 그럴 때마다 나는 여전히 블로그는 강력한 플랫폼이라고 답한다. 네이버가 건재하기 때문이다. 여전히 많은 사람들이 네이버 검색창에 필요한 정보를 검색하고 물건을 구매한다. 내가 관련 정보를 제공해줄 수 있는 사람이라면 블로그는 여전히 매력적인 채널일 수밖에 없다.

다만 팬을 만들고 싶다면 네이버 블로그만 운영하기보다는 팔로우, 구독이 핵심인 인스타그램이나 유튜브, 틱톡 등의 채널을 같이 운영하는 것이 좋다. 블로그로 쌓은 기본기에 각각의 채널 특징만 잘 이해하여 접목한다면 충분히 좋은 시너지를 낼 수 있을 것이다.

블로그,
시작이 어려워요

'시작이 반이다'라는 속담은 괜히 나온 말이 아니다. 시작이 가장 어려운 법이기 때문이다. 다행인 점은 블로그는 시작이 서툴러도 용서가 된다. 초기에 쓴 글은 조회 수가 많이 나올 수가 없으니 연습이라 생각하고 가볍게 시작해도 좋다. 모두에게 공개된 곳이지만 사람들이 쉽게 찾을 수 없는 나만의 공간. 그곳에 내 마음 가는 대로, 일단 뭐라도 써보자. 흑역사가 될까 두렵다면 나중에 그 글은 비공개로 변경하면 된다. 사실, 사람들은 나의 흑역사에 크게 관심도 없지만 말이다.

글을 못 쓰는 게 아니라, 글감이 없는 거다 ✦

하루는 여행 작가 클래스를 수강 중인 분들을 대상으로 퍼스널 브랜딩 강연을 하러 갔다. 여행 작가가 되기 전, 내가 어떤 사람인지 깊이 생각해 보고 방향성을 정해야 한다는 점을 강조하며 '셀프 인터뷰'를 추천했다. 스스로에게 질문을 던져보고 답하는 과정을 통해 자기다움을 정의할 수 있기 때문이다.

> **"글쓰기에는 자신이 있는데,**
> **꾸준히 쓸 수 있는 소재를 찾는 게 너무 어려웠어요.**
> **그런데 오늘 강의를 듣다 보니 제가 무슨 이야기를 써야 할지**
> **명쾌해졌어요. 빨리 집에 가서 글을 쓰고 싶어요."**

놀랍게도 강의 후 글감을 찾았다는 피드백을 받았다. 글쓰기의 핵심은 글쓰기 스킬이 아니라 내가 하고 싶은 말을 찾는 데 있음을 확실히 깨달았다.

많은 사람이 오류를 범한다. 책은 쓰고 싶지만 쓸 주제가 없고, 유튜브는 하고 싶지만 뭘 올려야 할지 모르겠다고 말한다. 그래서 일단 글쓰기 수업을 듣고, 유튜브 영상 편집 방법을 익힌다. 블로그도 마찬가지다. 블로그 강의를 듣는 분들을 만나보면 '무엇을 써야 할지'는 결정하지 못한 채 일단 스킬부터 배우고 보는 경우가 많다. 미리 배워서 나쁠 건 없다. 하지만 바로 콘텐츠를 만들지 않으면 금세 잊어버리는 게 문제다.

블로그를 시작하고 싶다면 알고리즘이나 글쓰기 스킬은 나중으로 미뤄 두자. 이런 것들은 추후에 익혀도 충분하다. 일단 블로그에 무엇을 올릴지 정하는 것부터 시작해야 한다. 첫 단추를 잘 끼워보자.

✳ 시작은 나로부터

블로그를 일기장으로 생각하고 가볍게 시작하는 사람이라면 당연히 내 이야기를 적고자 할 것이다. 하지만 블로그를 잘 키워서 돈을 벌거나 마케팅을 하고 싶은 사람은 글의 중심이 내가 아닌 고객, 시장, 독자에게 쏠려 있을 가능성이 높다. 아니, 그래야만 블로그를 키울 수 있다고 생각할 것이다. 자고로 블로그는 방문자 수가 가장 중요한 플랫폼이니 말이다.

물론 맞는 말이다. 사람들이 관심을 가질 만한 소재를 찾는 것은 블로그뿐만 아니라 모든 온라인 채널을 잘 운영하기 위한 핵심 역량이다. 하지만 여기에는 전제 조건이 하나 필요하다. 내가 관심 있는 주제 중에 사람들이 관심을 가질 만한 소재를 찾아야 한다는 것이다.

퍼스널 브랜딩 수업을 할 때, 블로그를 동시에 7개나 운영한 적이 있는 주부님이 찾아왔다. 블로그는 돈을 목적으로 운영했다고 한다. 잘 운영한 덕분에 그녀의 훌륭한 수입원이 되어준 것은 두말할 것도 없고. 그런데 왜 퍼스널 브랜딩 수업을 들으러 오셨는지 궁금했다.

"아이를 키우다 보니 밖에서 일을 하기가 힘들었어요.
돈벌이를 하고 싶은 마음에 닥치는 대로 블로그를 운영한 거죠.
사람들이 많이 검색할 만한 키워드를 찾아서 이것저것
다 올렸어요. 그런데 어느 순간 우울증이 오더라고요.
다 부질없이 느껴졌어요.
그래서 블로그 7개 모두 다 그만둔 상태예요."

그녀는 돈을 쏠쏠하게 벌었지만, 더 이상 블로그를 하고 싶지 않다고 했다. 돈만 되면 무엇이든 할 수 있다고 생각하는 사람이 많지만, 사람 마음이라는 게 그렇게 간단하지가 않다. 우리는 일을 통해 돈만 버는 것이 아니다. 재미, 의미, 성취, 보람 등의 감정을 복합적으로 느낄 때 그 일을 지속할 수 있다. 나에게 큰 의미가 없는 블로그 포스팅은 지속할 이유가 없는 게 당연할지도 모른다.

"광고 회사에서 요청한 제품의 리뷰 대신,
내가 써보고 좋았던 제품을 소개하는 글을 써보세요.
내 관심 밖의 이야기는 쓰실 필요 없어요.
블로그는 철저히 내 공간이에요.
내가 사람들에게 알려주고 싶은 이야기를 쓰는 것이 중요합니다."

이후 그녀는 본인의 관심 주제로 글을 쓰며 블로그에 복귀했다. 이미 글 쓰기 역량은 충분했으므로 블로그 방문자 수도 쉽게 늘었다. 내가 쓰고 싶은 글을 써도 수많은 방문자가 찾아올 수 있다는 사실을 깨달은 그녀는 이후에도 즐겁게 블로그를 운영할 수 있었다.

조회 수나 광고 클릭률로 돈을 벌고 싶다면 검색량이 많은 키워드만 찾아서 글을 발행해도 된다. 특히 티스토리나 워드프레스처럼 구글 애드센스 광고 배너를 잔뜩 달아둘 수 있는 플랫폼이라면 효율이 좋을 수도 있다. 하지만 네이버 블로그는 높은 조회 수가 무조건 큰 수익을 보장하지는 않기 때문에 적합하지 않다.

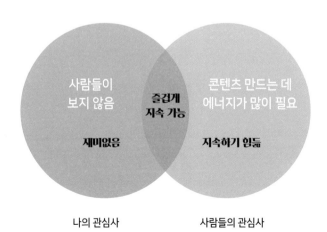

나의 관심사   사람들의 관심사

네이버 블로그로 돈을 벌고 싶다면 1차원적인 광고 수익만을 보고 달리지 않기를 바란다. 채널 하나를 잘 키우고, 나 자신이 브랜드가 된다면 한 달에 100만 원, 200만 원 수준이 아니라 수천만 원 이상의 가치를 만들어 낼 수도 있기 때문이다. 그 방법은 이 책에서 차차 안내할 것이다. 그러기 위해서 가장 중요한 것은 바로 '지속 가능성'이다. 꾸준히 콘텐츠를 만들어 내는 힘이 필요하다. 지속 가능한 블로그를 위해 꼭 명심해야 할 사실이 하나 있다. 모든 콘텐츠는 나로부터 시작해야 한다. 나만의 콘텐츠가 차곡차곡 쌓이면 어느 순간 나라는 브랜드가 만들어진다.

✳ 분야 정하기

블로그를 시작하기 전, 가장 먼저 해야 할 일은 바로 '분야'를 결정하는 것이다. 블로그는 한 분야의 글을 꾸준히 발행하는 사람을 그 분야의 전문가로 인정해주고 더 많은 사람이 볼 수 있게 해준다. 유튜브, 인스타그램도 마찬가지다. 하나의 주제를 지속적으로 다루는 채널이 잘 성장할 수밖에 없는 구조다. 그러므로 온라인 채널을 시작하려면 일단 내 분야를 잘 정해야 한다.

분야를 정하기 막막하다면 네이버의 공식 분류를 참고해보자. 블로그의 제목, 별명, 설명 등을 기입하는 관리자 설정 메뉴에 들어가면 블로그 주제를 선택할 수 있다. 내가 선택한 주제는 프로필 영역에 노출된다. 네이버는 포털 사이트이기 때문에, 우리가 블로그에 포스팅한 콘텐츠를 카테고리별로 분류해서 사람들에게 보여주기도 한다.

엔터테인먼트 · 예술	생활 · 노하우 · 쇼핑	취미 · 여가 · 여행	지식 · 동향
☐ 문학·책	☐ 일상·생각	☐ 게임	☐ IT·컴퓨터
☐ 영화	☐ 육아·결혼	☐ 스포츠	☐ 사회·정치
☐ 미술·디자인	☐ 반려동물	☐ 사진	☐ 건강·의학
☐ 공연·전시	☐ 좋은글·이미지	☐ 자동차	☐ 비즈니스·경제
☐ 음악	☐ 패션·미용	☐ 취미	☐ 어학·외국어
☐ 드라마	☐ 인테리어·DIY	☐ 국내여행	☐ 교육·학문
☐ 스타·연예인	☐ 요리·레시피	☐ 세계여행	
☐ 만화·애니	☐ 상품리뷰	☐ 맛집	
☐ 방송	☐ 원예·재배		

분야를 정의하는 단어가 대부분 큰 범주라 모호할 수도 있다. 예를 들어 전국 곳곳을 여행하며 맛집을 포스팅하는 사람은 '국내여행'과 '맛집' 중 어떤 분야를 선택해야 할지 헷갈릴 것이다. 이 경우엔 어떤 사람이 내 글을 봤으면 하는지 고민해보자. 여행을 좋아하는 사람들이 보기에 적합한 글을 쓸 것인지, 맛집을 찾아다니는 사람들이 보기에 좋은 글을 쓸 것인지 생각 해보면 조금은 쉽게 답을 찾을 수 있다.

이때, '일상·생각' 분야는 가급적 피하는 것이 좋다. 과거에는 블로그에 일상을 올리기만 해도 노출이 잘되고 파워 블로거가 될 수 있었다. 나 역시 매일 블로그에 일기를 썼을 뿐인데 방문자가 무려 1,000명 이상이 되기도 했다. 하지만 지금은 다르다. 일상 글을 쓰더라도 특정 주제와 연관된 일상 에 대해 써야 블로그 성장에 유리하다.

아예 처음부터 '네이버 인플루언서'를 목표로 삼는 것도 괜찮다. 2020 년 2월, 네이버에서는 '인플루언서 검색'이라는 제도를 도입했다. 네이버 인플루언서란 사람들이 많이 찾는 다양한 채널에서 20개의 전문 주제로 활동하는 검증된 창작자를 뜻한다. 인플루언서는 총 7개의 채널을 지원한다. 블로그와 네이버 포스트, 네이버 TV, 스마트스토어, 쇼핑라이브, 유튜브, 인스타그램까지. 다른 채널이야 자사 서비스니 이해가 되지만, 유튜브와 인스타그램까지 포함한 건 신선한 시도였다. 즉, 네이버 인플루언서가 되려면 블로그뿐만 아니라 인스타그램과 유튜브 등의 타 채널에서도 왕성하게 활동해야 한다. 중요한 것은 모든 채널에서 '동일한 주제'로 영향력을 끼치는 창작자여야 한다는 사실이다.

그러므로 향후 인스타그램이나 유튜브 채널도 같이 운영할 마음이 있다면 모든 채널을 아울러서 다룰 만한 분야를 결정해야 한다. 만약 유튜브나 인스타그램을 운영하고 있는 사람이라면 동일한 분야 콘텐츠를 블로그에서도 다루는 것이 유리하다. 반복적으로 말하지만, 온라인 채널은 조회 수로 광고 수익을 버는 1차원적인 접근이 아니라 나의 가치를 높이는 퍼스널 브랜딩 관점으로 접근해야 더 많은 것을 얻을 수 있다. 그러므로 퍼스널 브랜딩 관점에서 어떤 분야에 전문성을 갖고 싶은지 고민하면서 아래의 인플루언서 전문 주제를 살펴보는 것이 바람직하다.

여행	패션	뷰티	푸드	IT테크
자동차	리빙	육아	생활건강	게임
동물·펫	운동·레저	프로스포츠	방송·연예	대중음악
영화	공연·전시	도서	경제·비즈니스	어학·교육

이제 막 블로그를 시작한 단계라면 바로 네이버 인플루언서에 지원할 수는 없다. 하지만 49쪽에서 언급한 네이버의 분야별 키워드를 참고하여

콘텐츠를 쌓아나가는 것은 가능하다. 블로그가 어느 정도 성장했다고 판단되면 그때 네이버 인플루언서 심사를 요청해보자. 인플루언서는 지원 분야에 대한 전문 역량, 콘텐츠 품질, 채널 영향력 등을 바탕으로 심사한다는 사실을 미리 알고 있으면 도움이 될 것이다.

내 블로그는 현재 '도서 인플루언서'다. 최근 몇 년간 블로그에 책과 관련된 콘텐츠를 올린 적이 거의 없지만, 자기 계발과 관련된 주제를 올리는 블로거들이 주로 '도서' 인플루언서로 분류되는 것을 보고 선택했다. 운영하는 유튜브 채널과 인스타그램에 도서 관련 콘텐츠가 있고 전체적인 채널 영향력이 높으며 주제의 일관성과 품질이 높다고 판단했는지 한 번에 인플루언서로 승인받을 수 있었다.

최근 일 방문자가 4,000명이 넘는 블로그를 운영하는 분이 연이어 인플루언서 심사에서 떨어졌다는 이야기를 들었다. 여행 분야가 워낙 경쟁이 치열한 탓도 있지만, 단순히 방문자 수가 높다고 인플루언서로 승인해주는 것은 아니라는 사실을 다시금 알 수 있었다. '인플루언서'는 말 그대로 해당 분야에서 영향력을 가진 사람이라는 뜻이기 때문에 단순히 방문자 수에만 집착해선 안 된다는 교훈을 꼭 기억하자.

✱ 퍼스널 브랜딩을 위한 Self Interview

블로그는 나의 콘텐츠를 더 많은 사람에게 전달해주는 하나의 매체에 불과하다. 핵심은 채널이 아니라 콘텐츠이며, 콘텐츠의 중심은 '나라는 사람'에 있다는 사실을 꼭 기억해야 한다. 한마디로 정리하면 퍼스널 브랜딩 관점으로 블로그를 운영해야 한다는 것이다.

퍼스널 브랜딩을 시작하는 사람들을 위한 8가지 질문을 준비했다. 스스로에게 질문을 던지고 답하는 시간을 갖다 보면 내가 어떤 분야의 전문가로서 콘텐츠를 만들어야 할지 방향이 잡힐 것이다.

- **분야** : 관심 있는 주제, 분야는 무엇인가요?
- **재미와 흥미** : 무엇을 할 때 가장 즐겁나요?
- **Personality** : 나의 성향, 태도적 특성은 어떤 것이 있나요?
- **가치** : 중요하게 여기는 삶의 가치는 무엇인가요?
- **강점** : 나의 강점은 무엇인가요?
- **역량** : 나의 핵심 역량은 무엇인가요?
- **Why** : 나는 왜 이 일을 하나요?
- **꿈** : 꿈과 목표는 무엇인가요?

위 질문에 답을 하다 보면 나는 누구이고 어떤 사람인지 어렴풋이 정리가 될 것이다. 그 내용을 바탕으로 1) 관심사, 2) 잘 아는 분야, 3) 지속 가능성을 따져보자. 내가 좋아하는 분야 중에서도 할 말이 많고 잘 아는 분야여야 하고, 꾸준히 콘텐츠를 발행할 수 있는 주제여야 한다. 가령 세계 일주를 다녀온 경험을 블로그로 포스팅하려 한다면 앞으로도 계속 여행을 다니면서 포스팅할 수 있는지의 여부가 중요하다. 같은 주제로 새로운 콘텐츠를 만들어내지 못한다면 그 주제는 일단 제쳐두는 것이 좋다.

좋은 글은 좋은 재료에서 나온다 ✦

흥미로우면서도 독자들이 공감할 수 있는 나만의 이야기를 찾는 것은 쉽지 않은 일이다. 하지만 몇 가지 방법을 통해 도움을 받으면 조금 더 수월하게 찾을 수 있다.

✷ 나의 경험에서 발견하기

"저는 평범한 사람이라서요,
저만 할 수 있는 이야기가 없는데요."

퍼스널 브랜딩 주제를 결정할 때 가장 많이 듣는 이야기다. 블로그를 시작하려면 일단 이런 생각부터 머릿속에서 지워야 한다. 블로그는 대단한 이야기를 쓰는 공간이 아니다. 오히려 평범할수록 좋다. 더 많은 사람에게 공감을 불러일으킬 수 있기 때문이다. 위대한 업적을 달성했다거나 대단한 사람이라면 TV에 나가거나 책을 쓰면 된다. 블로그는 그런 이야기를 반기는 공간이 아니다.

블로그는 요즘 핫한 음식점에 가본 사람의 솔직한 후기, 비슷한 고민을 하고 있는 사람들의 진솔한 이야기, 궁금한 정보를 쉽고 구체적으로 정리해 준 콘텐츠가 잘되는 채널이다. 즉 내가 다녀온 음식점 후기를 쓰고, 요즘 하는 고민과 생각을 솔직하게 남기고, 최근 알게 된 꿀팁을 공유한다면 사람들이 '정보를 주셔서 감사합니다', '생각을 나눠주셔서 감사합니다'라고 댓글을 다는 공간이라는 뜻이다. 나의 평범한 이야기가 누군가에게는 새로운 정보가 되고, 또 다른 누군가에게는 공감을 이끌어낸다는 사실을 기억하자.

나의 경험, 생각, 관심사에서 이야기를 출발해야 한다. 그래야 쓸 말이 많아진다. 할 말을 쥐어짜내고 있다면, 그 주제는 아예 포기하는 편이 나을지도 모른다. 뛰어난 기교, 화려한 수식으로 글을 뽑내려 하지 않아도 된다. 사람들은 그런 글을 보고 싶은 게 아닐 것이기 때문이다. 내가 겪은 일 중에서 특히 기억에 남는 일을 나열해보자. 이게 부담스럽다면 최근 3개월 이내에 내가 했던 일들을 떠올려보자. 생각나는 대로 거침없이 적어 내려가다 보면 특정 주제와 관련된 내용이 많다는 사실을 발견할지 모른다.

나는 '손으로 만드는 것'을 좋아하는구나.
끊임없이 어딘가를 돌아다녔네.
친구들이랑 카페 가서 수다 떠는 게 가장 큰 행복이구나.

중구난방으로 보이는 경험도 찬찬히 살펴보면 공통점이 있고 맥락이 보인다. 이 과정을 통해 단순히 블로그 콘텐츠만 만드는 게 아니라 나를 브랜딩할 수 있으며, 진로와 커리어 방향성을 결정할 수도 있다.

각각의 경험을 좀 더 깊게 파고들어보는 것도 좋다. 왜 그 경험이 특히나 기억에 남는지, 그것을 통해서 어떤 깨달음을 얻었는지를 정리해보는 것이다. 이 과정 자체를 블로그에 기록하는 것도 좋다. 지극히 사적인 나의 이야기지만, 비슷한 고민을 하는 사람들에겐 영감을 주는 이야기가 되기 때문이다.

	기억에 남는 경험	깨달은 점
1	하루에 책 1권 읽기	작은 성취감이 느껴진다.
2	독서 모임 운영	사람들과 대화를 나누니까 좋다.
3	헬스장 다니기	매일 체력이 좋아지는 게 느껴진다.
4	의류 브랜드 매니저 일	내 강점을 알게 됐다.
5	...	...
공통점	자기 계발	배우고, 성장하는 것에 관심이 많구나.

블로그를 시작했던 시기의 나의 일상을 돌이켜보며 채워본 표다. 27살 당시에 나는 내가 좋아하는 일이 무엇인지 치열하게 고민했고, 뒤처진 기분 때문에 하루하루를 열심히 살려고 노력했다. 자연스럽게 내 블로그는 자기 계발과 관련된 내용으로 채워졌다.

✳ 주변 사람들과의 대화 속에서 찾아보기

*"대표님, 블로그 닉네임을 변경하면 좋겠다는 의견이 있어서요,
어떻게 하는 게 좋을지 상의드리고 싶어요."*

휴일 아침, 카카오톡 메시지가 왔다. 작년에 나에게 퍼스널 브랜딩 컨설팅을 받았던 분이었다. 워낙 부지런히 공부하는 분이라서 브랜드 컨설팅 이후에 다른 곳에서 블로그 컨설팅을 받는 모양이었다. 당시 퍼스널 브랜딩 전반을 컨설팅해드리며, 그중 채널 전략으로 블로그를 다뤘다. 그분은 한 분야의 전문가로 이름을 알려야 하는 상황이었기에 블로그 닉네임을 별도로 짓지 않고 실명으로 활동하시기를 권했다. 나 또한 '꿈스토커'라는 닉네임으로 블로그를 시작했지만 퍼스널 브랜딩 전문가로서 이름을 더 알려야겠다고 생각하면서부터는 닉네임을 '비스타 김인숙'으로 수정했다. '비스타'라는 회사명과 '김인숙'이라는 내 이름을 동시에 노출하면서 전문성과 신뢰를 동시에 쌓고자 했다.

새로 컨설팅을 해주신 분은 파워 블로거였다. 어떤 이유로 닉네임 변경을 권유받았는지 여쭤보니, 그 나름의 이유가 있었다. 블로그라는 공간은 친근함이 중요하니 이웃들과의 소통을 위해서라도 말랑말랑한 이름을 사용하라는 것이었다. 틀린 말은 아니었다. 다만 이분은 블로그를 비즈니스 목적으로 사용하며 자신의 인지도와 회사의 수익을 키워야 하므로 굳이 이제 와서 닉네임을 변경할 필요는 없을 것 같았다.

사실 이런 질문을 받을 때마다 난감하다. 다른 전문가의 조언은 무조건 틀리고, 내가 맞다고만 주장할 수는 없는 노릇이기 때문이다. 이럴 경우, 다른 전문가는 어떤 부분을 고려해서 그런 조언을 했고, 반대로 나는 왜 다른 방향을 추천하는지 이유를 상세히 설명해드리고 선택은 본인에게 맡기는 편이다.

대화를 마친 후, 이 내용을 블로그에 포스팅하면 좋겠다는 생각이 들었다. 비슷한 고민을 하는 사람들이 충분히 많을 것 같았기 때문이다. 나는 블로그 컨설팅뿐만 아니라 진로나 커리어, 비즈니스에 대한 상담과 조언도 병행하고 있다. 이런 일이 있을 때마다 대화 내용을 잘 정리해서 콘텐츠로 만들어 올리곤 한다. 운영하고 있는 카카오톡 오픈채팅방에 질문이 올라오면 그 내용도 콘텐츠로 만들어서 공유한다. 카카오톡에서 답을 하면 오픈채팅방 안에 있는 사람만 볼 수 있고 시간이 지나면 휘발되지만, 블로그에 기록해두면 더 많은 사람이 볼 수 있고 시간이 지난 후에도 쉽게 찾을 수 있다.

특히 사람들이 자주 물어보는 질문이 있다면 놓치지 말아야 한다. 적어도 내가 그 분야에서만큼은 해줄 이야기가 분명히 있다는 증거이기 때문이다. 살림하면서 알게 된 꿀팁, 육아하는 방법, 직장 생활에 필요한 다양한 업무 툴 활용법 등 지인들이 나에게 SOS를 외치는 주제가 있다면 그 대답을 블로그에 공개적으로 올려보자. 생각보다 많은 사람이 내 답변에 도움을 받고 감사하다고 연락을 줄 것이다.

가족, 친구, 동료와 나누는 대화가 소재가 될 수도 있다. 그들과 주로 어떤 이야기를 즐겁게 나누는지 떠올려보자. 드라마, 영화, 스포츠, 연예인 이야기도 좋다. 시간 가는 줄 모르고 대화를 나누는 주제가 있다면, 블로그 글감으로도 충분하다. 내가 좋아하는 주제이면서 동시에 다른 사람들도 즐거워하는 이야기이기 때문이다. 주변 사람들과의 대화, 질문 속에서 끊임없이 소재를 건져 올려보자. 내가 할 수 있는 이야기가 생각보다 많다는 사실을 깨닫게 될 것이다.

✴ 다른 콘텐츠에서 영감 얻기

최근 파티시에들이 디저트 브랜드 창업 지원금을 걸고 경쟁하는 서바이벌 프로그램을 시청했다. 휴일이면 예쁜 카페에 가서 커피 한잔에 맛있는 디저트를 먹는 게 낙인지라 가볍게 보기 시작했다. 서바이벌 미션 중, 디저트를 만들어 팝업스토어에서 대중들에게 즉석 평가를 받는 미션이 있었다. 주제는 추억의 과자를 소재로 디저트 만들기였다. 첫 번째 팀은 핫도그 모양의 차가운 디저트를 만들었고, 두 번째 팀은 추로스 모양에 슈를 듬뿍 넣은 디저트를 만들었다. 마지막 세 번째 팀은 맘모스 빵을 프랑스식으로 재해석한 불란서 맘모스 빵을 만들었다. 각각 100개의 디저트를 만들어 팝업 스토어를 열었고, 지나가던 사람들이 들어와 한 명씩 단 하나의 디저트만 선택하여 가져가는 방식이었다.

내가 만약 그 현장을 지나가다 세 디저트 중 한 가지를 골라야 했다면 무엇을 선택했을까? 이런 생각을 하며 흥미진진하게 영상을 시청했다. 결과는? 불란서 맘모스 빵이 1등, 추로스 빵이 근소한 차로 2등, 핫도그 모양의 디저트는 거의 선택되지 않았다. 소비자들의 선택 이유와 선택하지 않은 이유를 살펴보니 눈에 띄는 말이 있었다.

핫도그 모양의 디저트 맛이 상상되지 않아서.
차가운 핫도그 맛이 상상이 되지 않아서.

사실 핫도그 모양의 디저트를 만든다고 했을 때 참 기발하다고 생각했다. 다른 팀 참가자들도 참신한 아이디어라는 식으로 이야기했다. 하지만 대중들은 핫도그와 차가운 디저트라는 생소한 조합을 기꺼이 선택하지 않았다. 대신 익숙하고 친숙한 추로스와 맘모스 빵을 선택했다.

마케팅에서 차별화 전략을 세울 때도 완전히 다른 아이디어는 오히려 실패한다고 이야기한다. 사람들은 새로운 것을 원하지만 너무 생소하면 오히려 거부하기 때문이다. 그래서 차별화 전략을 세울 때는 사람들에게 익숙한 것에 색다른 요소를 살짝 가미해야 한다. 맘모스 빵을 프랑스식으로 재해석한 불란서 맘모스 빵처럼 말이다. 우리에게 익숙한 맘모스 빵을 프랑스식으로 재해석했다니, 궁금하지 않은가! 나는 이 에피소드를 마케팅 강의 자료로 사용하기로 했다. 차별화를 설명할 때 매우 적합한 예시라고 생각했기 때문이다. 그리고 지금, 이렇게 책의 글감으로도 사용했다.

이처럼 다른 콘텐츠에서 아이디어가 떠오르는 경우가 종종 있다. TV 프로그램뿐만 아니라 유튜브 영상, 영화, 책, 신문 기사, 다른 사람들이 올린 SNS 콘텐츠까지. 다양한 매체에서 내 관심 분야의 정보와 이야기를 찾아보자.

나는 주로 책을 통해서 영감을 얻는다. 책 리뷰 혹은 책 추천 콘텐츠를 만드는 일은 크게 어렵지 않아서 좋아한다. 브랜딩이나 창업 관련 책을 읽으며 떠오르는 생각들을 시작으로 또 다른 메시지를 뽑아내기도 한다. 책은 내가 알고 있는 것 이상의 지식과 정보를 제공해준다. 같은 내용이라도 나만의 관점으로 해석하는 훈련을 한다면 훌륭한 콘텐츠를 만들어낼 수 있다.

영화나 드라마, TV 프로그램 역시 대중들이 좋아하는 이야기를 쉽게 발견할 수 있는 콘텐츠다. 내 관심 분야와 관련된 콘텐츠가 흥행한다면 관심을 가지고 챙겨 보는 것도 좋은 방법이다. 해당 내용을 인용한다면 사람들에게 보다 쉽게 접근할 수 있고, 공감대를 형성하기도 쉬워진다. 거기에 나만의 경험이나 관점을 더한다면 나만의 콘텐츠가 될 수 있다.

나와 비슷한 주제를 다루는 블로거나 유튜버의 콘텐츠를 살펴보는 것도 좋은 방법이다. 콘텐츠의 조회 수나 댓글 수를 보면 사람들이 어떤 주제를 좋아하는지도 알 수 있다. 이때 주의할 점은 그들의 내용을 비슷하게 따라 해서는 절대 안 된다. 네이버 블로그는 '유사 문서'를 판별하여 검색 노출이 되지 않게 하는 알고리즘을 갖고 있다. 무엇보다, 내 신뢰도에도 좋지 않다. 소재는 참고하되 내용은 나만의 관점으로 독창적으로 풀어나가는 게 중요하다.

나답게 쓰기 ✦

"남들이 하지 않은 이야기를 하면 유리하지 않을까?"

블로그 초창기에는 이런 접근 방식을 주로 사용했다. 남들과 같은 걸 하기 싫어하는 탓에 글을 쓸 때도, 콘텐츠를 만들 때도 남들이 하지 않는 이야기를 찾아내면 '유레카!'를 외치곤 했다. 하지만 이제는 안다. 남들이 하지 않는 이야기는 그만큼 시장성이 부족하다는 걸.

'퍼스널 브랜딩'이라는 단어를 검색하면 글이 하나도 나오지 않던 시절, 퍼스널 브랜딩을 주제로 글을 쓰면 이 분야에서 최초이자 최고가 되겠다고 생각했다. 그래서 일찍이 퍼스널 브랜딩을 주제로 글을 쌓아왔다. 이 단어의 뜻조차 모르는 사람들이 검색을 할 리 만무했고, 정성껏 쓴 글의 조회 수는 처참했다.

시간이 흘러 퍼스널 브랜딩이라는 주제가 핫해졌지만, 작성한 지 5년이 넘은 내 블로그 게시물은 검색이 잘되지 않았다. 네이버 블로그의 노출 알고리즘은 최신 글을 우대해주기 때문에 더욱 발견되기 힘들었다. 한참이

지나서야 깨달았다. 남들이 쓰지 않는 주제를 쓰는 것보다, 남들이 관심 가지는 주제를 나답게 쓰는 것이 더 중요하다는 사실을.

온라인 콘텐츠를 만들 때는 블루오션이 중요하지 않다. 아무도 쓰지 않는다는 건, 그 주제에 관심 있는 사람이 소수일 확률이 높다는 의미이기 때문이다. 핵심은 많은 사람이 관심 가지는 주제를 다루되 나만의 관점과 표현 방식으로 접근하는 것이다. 같은 영화를 보고도 다른 감상을 나눌 수 있고, 같은 음식을 먹어도 맛 표현은 다르게 할 수 있다.

요리에 비유하자면 사람들이 한 번도 보지 못한 새로운 메뉴를 개발하기보다, 좋아하는 음식을 맛깔나게 만들자는 것이다. 글감은 재료고, 표현 방식은 요리 방법이라고 생각하면 이해하기 쉽다. 같은 재료로도 얼마든지 다른 맛을 낼 수 있다. 국을 끓일 때 재료를 넣는 순서가 달라지면 맛도 달라지는 것을 알고 얼마나 놀랐는지 모른다. 우리는 같은 글감 재료를 나만의 레시피에 따라 다듬고 요리해야 한다. 그래야 내 글을 계속 보고 싶어 하는 독자들이 생긴다.

블로그를 운영하는 사람들이 흔히 착각하는 것이 있다. '방문자 수만 많으면 어떻게든 되겠지…' 사실 글을 잘 쓰지 못해도, 블로그 키우는 스킬만 잘 배워서 성실하게 작성하면 일 방문자 1,000명 만들기는 어렵지 않다. 문제는 그다음부터다. 하루에 1,000명씩이나 내 블로그에 방문하지만 내 삶에 변화는 없다. 굳이 찾아보자면 뿌듯함? 하지만 이것도 오래가지 못한다. 어느 순간 현실 자각 타임이 찾아온다.

'하루에 3~4시간씩 공들여 블로그에 글을 썼고, 그래서 이렇게 방문자

수도 많아졌는데 왜 돈을 벌지 못하는 거지? 이걸 계속해도 되는 걸까?'

블로그로 돈을 벌려면 방문자 수는 그리 중요하지 않다. 수많은 방문자 중, 내 글을 진심으로 좋아하고 나의 새 글을 보기 위해 블로그에 재방문해 줄 사람을 만드는 것이 중요하다. 번화가 중심에 팝업스토어를 열었다고 가정해보자. 지나가는 사람들이 한 번씩은 다 들어온다. 하지만 구경만 하고 그냥 나가버린다면 그게 무슨 소용인가. 들어왔다면 물건을 구입하거나, 적어도 이 브랜드에 대해 관심을 가지게 해야 한다. 그래야 언젠가 내 고객이 될 수도 있기 때문이다.

블로그도 마찬가지다. 어찌어찌하여 블로그에 방문한 사람이 당장 구입할 물건은 없더라도 '이 블로거의 글이 참 괜찮군. 또 보러 오고 싶어' 하는 마음을 갖게 해야 한다. 그렇다면 '블로그 이웃 신청'을 할 확률이 높다. 내 글이 정말 매력적이라면 내가 운영하는 인스타그램이나 유튜브 채널까지 찾아보고 팔로우를 할 수도 있다. 판매하고 있는 제품이나 서비스가 있다면 관심 있게 지켜볼 것이다. 그중 누군가는 바로 '구매' 버튼을 누를지도 모른다.

"너무 딴 세상 이야기잖아."

이런 생각이 든다면 관점을 조금 바꿔보자. 블로그를 잘 운영해서 돈을 번 사람들의 사례를 들어보면 책을 내거나 강사로 활동하는 경우가 많다. 나 또한 블로그 덕분에 강사 활동을 시작했고 매년 수천만 원의 수익을 벌어들이고 있다. 이게 가능한 이유는 단 한 사람의 마음에 들었기 때문이다. 특정 주제로 강사를 섭외하기 위해 네이버를 검색하던 교육 담당자의 눈에 들면 강사 일로 연결될 수 있다. 출판 편집자의 눈에 띈다면 내 이야기가 책으로 출간될 수 있고, 인사 담당자나 스타트업 대표의 마음에 들었다면 같이 일을 해보자고 연락이 올지도 모른다. 놀랍게도 나는 세 가지 모두 다 경험했다. 블로그 덕분에 커리어를 쌓고 돈도 벌 수 있었으며 작가가 되었다.

그러니 스쳐 지나가는 방문자 1,000명이 아니라 내 글을 보고 호감을 느낄 단 한 명을 만들어야 한다. 그러기 위해서 중요한 것이 바로 '나만의 관점과 시선'이다. 어떻게 글을 써야 사람들이 흥미를 느낄지, 공감할지, 혹은 그들과 신뢰를 쌓을 수 있을지 생각하며 글을 쓰는 것이 중요하다.

* 내 글의 강점은 무엇인가?

글을 잘 쓰고 싶어서 다양한 시도를 했다. 글쓰기 모임, 글쓰기 수업, 글쓰기 첨삭까지. 다양한 방법을 동원해서 글을 쓰고, 훈련했다. 그 과정에서 얻은 가장 큰 수확은 내 글이 가진 강점을 알게 되었다는 것이다.

내가 참여했던 글쓰기 모임은 언어학 박사님께서 진행했다. 매시간마다 글감이나 글쓰기 기법을 한 가지씩 소개해주셨고, 그에 맞게 15분 동안 프리라이팅을 했다. 자유 형식으로 빠르게 뭐라도 쓰는 것이 핵심이었다. 글을 다 쓰고 난 뒤, 각자 쓴 글을 서로의 앞에서 읽는 시간을 가졌다. 회차를 거듭하다 보니 놀라운 사실을 발견하게 되었다. 글마다 자신만의 스타일이 묻어나는 게 아닌가. 오랜 시간 함께 글을 쓰고 나누는 사이가 되고 나니 이름을 가리고 글만 봐도 누가 썼는지 알 수 있게 되었다. 글은 지문과 같다는 이야기를 들은 적이 있는데, 딱 그런 셈이었다.

글을 발표하고 나면 피드백 시간이 이어졌다. 피드백은 장점 위주로 말하되, 본인이 원한다면 날카로운 피드백이 더해지기도 했다. 글을 더 잘 쓰고 싶어서 참여한 것이기에 항상 날카로운 피드백을 부탁드렸고, 덕분에 내 생각을 표현하는 능력을 점점 더 다듬을 수 있었다. 하루는 모임장이었던 언어학 박사님께서 내 글을 보고 이런 이야기를 해주셨다.

"인숙 님 글은 장악력이 있어요."

쓰고자 하는 내용을 정확하게 알고 이해하는 사람만이 글을 장악할 수 있다며 칭찬해주셨다. 생각해보니 나는 생각이 정리되지 않으면 글로 풀어내지 못하는 사람이었다. 반대로 말하자면, 내 글은 생각이 단단해진 상태에서만 나올 수 있는 산물이었던 것이다. 그래서인지 사람들은 블로그에 가볍게 쓴 내 글에서도 단단함이 느껴진다고 말했다. 내 글의 단단함은 내 생각의 단단함에서 오는 것이라고 생각하니 좋은 글을 쓰기 위해서라도 많이 생각하고, 또 정리해야겠다고 다짐하게 되었다.

어떤 분은 비유를 참 잘했다. 나는 '비유하는 글쓰기를 해보세요'라는 안내 지침이 없다면 굳이 비유를 들기보다는 직접적인 단어를 선택하는 편이다. 비유를 잘하던 그분은 '비유를 잘하시네요'라는 우리의 피드백에 '제가 그런가요?'라고 반문했다. 의식하지 않고 자연스럽게 그런 글을 쓰는 것이었다.

또 다른 분은 생생하게 묘사를 잘했다. 그분의 글을 읽고 있으면 상황이

눈앞에 펼쳐지는 듯했다. 평소에도 소설을 좋아해서 많이 읽는다고 하셨다. 나는 소설을 읽을 때도 묘사하는 부분은 빠르게 넘기고 사건 위주로 파악하며 읽는 편이다. 그래서인지 상황을 묘사하기 위해 각종 부사어를 동원하게 되면 나부터가 생소하고 낯설어서, 아니 낯간지러워서 지워버리곤 했다. 역시 글은 쓴 사람의 생각부터 취향까지 모든 것을 반영하는구나 생각했다.

글을 잘 쓰고, 못 쓰고와는 별개로 사람마다 자신만의 글 지문이 있다. 나의 글 지문은 어떤 모습인지 떠올려보자. 내가 쉽고 편하게 쓸 수 있는 글의 형태가 곧 나의 글쓰기 레시피가 될 수 있다.

일기

독후감

설명문

논설문

체험학습 보고서

시

소설

표어

학창 시절에 한 번쯤은 과제로 써보았을 글의 유형이다. 이 중 어떤 글을 쓰는 게 가장 쉽고 편하고 재미있었는지, 반대로 어떤 글을 쓰는 게 어려웠는지 생각해보면 내가 어떤 타입의 글을 잘 쓸 수 있을지 쉽게 파악할 수 있다.

유형	특징
일기	나의 일상과 생각을 잘 기록하는 유형으로 **일상 에세이**가 잘 맞을 수 있다.
독후감	줄거리를 잘 요약했는지, 감상을 나만의 관점으로 잘 풀어냈는지도 생각해보자. 책 리뷰, 영화 리뷰 등 **자신의 관점이 포함된 리뷰 콘텐츠**가 잘 맞을 수 있다.
설명문	쉽게 풀어서 설명하는 글을 잘 쓰는 유형으로 '~하는 법' 같은 **팁과 노하우 콘텐츠** 제작이 잘 맞을 수 있다.
논설문	주장하고, 근거를 제시하는 글을 잘 쓰는 유형으로 **논리적인 글쓰기**가 잘 맞을 수 있다.
체험학습 보고서	직접 보고 경험한 사실을 있는 그대로 잘 기록할 수 있는 타입으로 **리뷰 콘텐츠**가 적합하다.
시	짧지만 임팩트 있는 글을 잘 쓸 수 있는 타입으로 **인스타그램이나 카드 뉴스**에 강점을 보일 수 있다.
소설	이야기를 만들어내는 **스토리텔링, 묘사 위주의 생생한 글쓰기**가 잘 맞을 수 있다.
표어	한 문장으로 메시지를 전하는 **카피라이팅**이 적합하다. 특히 글의 **제목**을 만들 때 유용하다.

나는 설명문과 논설문, 체험학습 보고서와 관련된 상을 많이 받았다. 반면 시와 소설 같은 창작 분야는 엄두도 내지 못했다. 대학교 1학년 때 시 쓰는 과제를 하며 심히 괴로워했던 기억이 난다. 결국 시를 잘 쓰는 친구의 도움을 받아 겨우 완성해서 제출했을 정도다. 수능시험을 볼 때도 문학보다 비문학을 훨씬 더 쉽게 풀었다. 확실히 나는 어릴 때부터 실용적인 글을 잘 쓰는 사람이었던 것이다.

강점을 살리기 위해 논픽션 글쓰기를 더 열심히 훈련했다. 은유 작가님의 글쓰기 클래스에서 특히나 큰 도움을 받았다. 훈련 전 내 문장은 길이가 길고 구구절절한 느낌이 있었다. 쉽게 설명하려다 보니 너무 많이 풀어 쓰는 게 문제였다. 하지만 훈련을 통해 문장을 짧고 간결하게 쓰면서도 내용을 잘 전달할 수 있는 방법을 익혔다. 블로그에 글을 쓸 때마다 이왕이면 간결하게 쓰려고 노력했다. 이후 '글이 명료하다'는 피드백을 많이 받을 수 있었다.

이처럼 내가 쉽게 잘 쓸 수 있는 글의 유형을 파악한 뒤, 그것을 더 잘할 수 있도록 집중 훈련을 하는 과정이 필요하다. 글을 쓰는 것은 쉽지만 잘 쓰는 것은 훈련이 필요하기 때문이다. 글쓰기 훈련으로 가장 좋은 방법은 무조건 많이 써보는 것이다. 나처럼 꼭 글쓰기 수업에 참여해서 피드백을 받을 필요도 없다. 블로그에 글을 쓰면 자연스럽게 이웃들이 댓글로 글에 대한 피드백을 남겨줄 테니 말이다. 그러니 일종의 글쓰기 훈련이라 생각하고 가볍게 블로그에 글을 쓰기 시작하면 어떨까?

일단 시작하기 ✦

무슨 일이든 시작에는 심호흡이 필요하다. 해본 적이 없어 막막하고, 잘하고 싶어 고심하게 되기 때문이다. '블로그를 해보고 싶은데 막상 하려니 엄두가 안 나'라고 말하는 사람들과 이야기를 나눠보면, 대부분 아주 작은 이유로 시작을 망설인다는 사실을 알 수 있다. 그런데 놀랍게도 13년 전 나도 같은 이유로 블로그 시작을 망설였다. 역시 사람 사는 거 다 똑같다 싶다.

✱ 어떤 계정으로 운영할까?

유튜브에 올린 블로그 강의 영상에 종종 댓글이 달린다. 놀랍게도 시작에 대한 문의가 많다. "10년 전에 일기장처럼 쓰던 블로그가 있는데요, 그걸 다시 살릴까요? 아니면 새롭게 아이디를 만드는 게 좋을까요?" 같은 질문이다. 이 질문에는 두 가지 내용이 담겨 있다.

오래된 계정 vs 신규 계정

네이버 블로그는 네이버에서 만든 알고리즘에 따라 노출 여부가 결정된다. 더 많은 사람에게 내 글을 보여주고픈 수많은 블로거의 욕망 덕분에 네이버 검색 알고리즘은 대부분 파악이 되었다. 누구든 조금만 검색해보면 블로그 방문자 수를 늘리는 법, 검색 결과에 상위 노출되는 법 같은 고급 정보를 얻을 수 있을 정도다. 문제는 그중 네이버가 공식적으로 인정한 내용은 단 하나도 없다는 점이다. 네이버가 알려주는 건 오로지 '양질의 포스팅을 꾸준히 올리세요'와 같은 뻔하디뻔한 정석과 같은 내용뿐이다.

덕분에 카더라 통신이 많은데, 그중 하나가 바로 '만든 지 오래된 계정이 노출이 잘된다'는 이야기다. 그렇다고 지금 와서 새로 계정을 만들면 노출이 잘 안되느냐? 당연히 말이 안 된다. 신규 블로그가 노출이 안 된다면 아무도 블로그를 시작하지 않을 테니 말이다.

다만 오래전에 블로그에 글을 작성한 이력이 있다면, 해당 게시물로 인해 블로그 지수가 조금이라도 쌓여 있을 확률이 높다. 굳이 새 아이디를 개설해야 할 이유가 없다면 이전 블로그를 사용하는 편이 유리할 수 있다. 본인이 평소에 사용하는 네이버 계정이 있다면 그 계정과 연동된 블로그를 편하게 쓰는 것을 가장 추천한다. 네이버는 블로그뿐 아니라 이메일, 쇼핑, 클라우드 등의 기능을 같이 제공하기 때문에 아무래도 자주 로그인하고 사용하는 계정에서 글까지 쓰는 게 접근성도 좋고 편하기 때문이다.

오래전에 쓴 글도 꼭 다 삭제하거나 초기화할 필요는 없다. 나의 소중한 기록이기 때문이다. 만약 그 글이 사람들에게 공개되는 게 불편하다면 비공개로 바꾸고, 새로운 나의 기록으로 블로그를 채워나가자.

마음에 드는 영문 아이디를 쓰고 싶어서

중학교 때 이메일 주소를 처음 만들었다. god의 멤버 중 손호영의 팬이었던 나는 이메일 주소에 손호영의 별명인 '호이'를 넣기 위해 'ho2'를 포함시켰다. 당시엔 다음의 한메일을 사용했기 때문에 네이버 블로그 아이디로 이어지진 않았지만, 성인이 되어 그 이메일 주소를 그대로 블로그 주소로 써야 했다면 망설여졌을 것이다. 덕질을 위한 팬 블로그를 할 생각은 없었기 때문이다. 이처럼 네이버 블로그는 이메일 아이디가 곧 블로그 주소가 되기 때문에, 어린 시절 취향을 담아 별생각 없이 만들었던 아이디가 발목을 잡을 수 있다.

이런 이유로 나도 네이버 계정을 새로 만들었다. 새 아이디에는 내가 소중하게 생각하는 단어를 포함하고 싶었다. 꿈꾸고 성장하는 과정을 담겠다는 포부를 담아 'dream'을 포함한 아이디를 만들어보려고 했는데, 아무래도 워낙 흔히들 사용하는 단어라 이미 사용 중인 경우가 많았다. 결국 dreaming(꿈꾸는)에 내 이니셜인 kis를 더해 'dreamingkis'라는 아이디를 만들었다. 안타깝게도 이 계정과 연동된 블로그는 저품질이 되어 현재는 사용하지 않는다. 그 대신, 회사명이 포함된 'bestarbrand'라는 아이디로 새 계정을 만들어 지금까지 잘 운영하고 있다.

최근 네이버 정책이 바뀌어서 블로그 주소를 1회 변경할 수 있게 되었다. 이메일 계정 주소는 그대로 둔 채 블로그 아이디, 즉 블로그 주소로 사용되는 영문 아이디를 딱 한 번 바꿀 수 있다. 그러니 기존의 아이디가 아쉬웠다면 원하는 이름으로, 보다 직관적인 단어로 바꿔보는 것을 추천한다. 원하는 영문 아이디를 짓지 못했다 해도, 굳이 새 아이디를 고민하느라 시간을 허비하기보다는 일단 기존에 사용하던 아이디로 블로그를 시작하는 게 좋다. 글을 쓰다 보면 방향성이 잡히고, 그때 가서 블로그 주소만 바꾸어도 충분하다.

다만 블로그 주소를 변경하면 블로그 게시물의 주소도 같이 변경된다는 점을 유의하자. 내 블로그 글의 링크를 다양한 곳에 적어두고 유입되게 만든 상태라면 주소 변경은 신중하게 결정해야 한다.

> **블로그 주소 바꾸는 법**
>
> ❶ 자신의 네이버 블로그 메인 화면으로 들어간다.
> ❷ 내 프로필 하단에 있는 '관리'를 클릭한다.
> ❸ '블로그 정보' 메뉴 가장 상단의 '블로그 주소' 항목에서 '변경'을 클릭하면 주소를 바꿀 수 있다.
> * 블로그 주소는 계정당 단 한 번만 바꿀 수 있으니 신중하게 결정하자.

✳ 닉네임 정하기

아이디라는 첫 번째 산을 넘으면 닉네임이라는 더 거대한 산이 등장한다. 물론 이미 사용하던 닉네임이 있다면 한결 편하겠지만, 기존의 닉네임을 그대로 사용하고 싶지 않다면 이때부터 고민이 시작된다. 사람 마음이란 게, 제대로 된 닉네임을 지어야 글을 쓸 맛이 난다. 닉네임을 짓지 못했다는 이유로 내 동생도 반년 넘게 블로그를 시작하지 못하다가 이 책을 마무리할 즈음에 드디어 첫 발을 내디뎠다.

이 고민이 얼마나 심각하고 중요한지는 충분히 공감한다. 나도 같은 이유로 블로그 시작을 미뤘기 때문이다. 이럴 때는 먼저 '키워드'를 하나 정해보면 도움이 된다. 주제나 분야가 명확하다면 그 단어부터 시작해도 좋다. 나를 표현할 수 있는 이미지 키워드를 사용하는 것도 하나의 방법이다. 깐깐하게 리뷰하겠다는 포부를 담고 싶다면 '깐깐한 인숙씨'라고 짓거나, 어려운 내용을 쉽게 알려주겠다는 의미를 담고 싶다면 '이지한(easy) 인숙씨'로 짓는다거나. 이런 식으로 자유롭게 아이디어를 펼쳐보자. 그러다 보면 꽤 그럴싸해 보이는 이름을 지을 수 있다.

나의 시작은 dream이었기에 그냥 간단하게 '꿈꾸는 그녀'로 블로그를 시작했다. 당연히 100% 마음에 드는 이름은 아니었다. 닉네임은 얼마든지 바꿀 수 있기 때문에 일단 블로그 글을 쓰면서 생각해보기로 했고, 블로그를 운영하며 고민 끝에 '꿈스토커'라는 닉네임으로 확정했다. 꿈을 좇아가는 여정을 그리겠다는 포부를 담았다. 강렬한 네이밍 덕분에 많은 사람이 나를 기억해줬고, 이 닉네임은 5년 넘게 나의 정체성으로 자리할 수 있었다.

사실 블로그 초기에는 아무리 글을 써도 사람들이 많이 방문하지 않는다. 그러니 닉네임 또한 일단은 가볍게 정하고 시작해보자. 글을 10개 정도 쓰고 나면 정체성과 방향성이 더 뚜렷해질 것이다. 그때 다시 닉네임을 바꾸면 된다. 닉네임을 정하지 못해 시작조차 못 하는 일이 없기를 바란다.

✳ 아무거나 올려보기

처음이니 잘하고 싶은 마음은 충분히 이해한다. 하지만 첫 포스팅에 큰 의미 부여는 하지 않기를 바란다. 어차피 내가 누군가에게 공유하지 않는 이상, 그 글을 보는 사람은 10명도 되지 않을 테니 말이다. 유튜브는 '추천 알고리즘'이라는 게 있어서 첫 번째 영상도 필연적으로 누군가에게 노출된다. 오히려 첫 영상은 더 잘 밀어준다는 말도 많다. 하지만 블로그 세계에서는 통하지 않는 이야기다. 냉정하게 받아들여야 한다. 어차피 내 첫 글의 조회 수는 10회 미만일 것이다.

그러니 첫 포스팅은 아무거나 올려도 된다. 어떤 주제를 다룰 것인지만 결정했다면 소재는 무엇이든 상관이 없다. 요리 블로그라면 '사람들이 어떤 글을 많이 검색할까'를 생각하지 말고 '지금 바로 쓸 수 있는 글이 무엇일까'를 생각하라는 말이다. 오늘 저녁에 김치찌개를 할 예정이라면 바로 그 과정을 사진으로 찍고 포스팅하면 그만이다. 여행 블로그를 할 거라면 핸드폰 사진첩을 뒤져서 예전에 다녀온 여행 기록을 빠르게 남겨보자. 사진을 여러 장 올리고, 그 사진을 보면서 여행 감상을 한두 줄 남기면 글 하나가 뚝딱 완성된다.

어떻게 하면 더 잘 쓸까를 고민할 필요도 없다. 어차피 글은 쓰다 보면 더 좋아지기 마련이니까. 사진도 더 잘 찍으려고 노력할 필요 없다. 일단 글쓰기에 익숙해지는 게 우선이다.

✱ 1일 1포스팅 하기

한때 '1일 1포스팅'이 유행했다. 하루에 글 하나씩 100일만 쓰면 파워 블로거가 된다는 말이 떠돌던 시절의 이야기다. 나도 그 시기에 블로그를 시작했기에 하루에 1개의 포스팅은 기본, 글을 2개씩 쓰기도 하면서 블로그를 키웠다.

1일 1포스팅을 한다고 해서 무조건 블로그가 폭발적으로 성장하는 것은 아니다. 매일 의미 없는 글을 올릴 바에는 시간이 걸려도 양질의 콘텐츠 하나를 쓰는 게 더 좋기 때문이다. 하지만 블로그 글쓰기 근력을 키우기 위해서 한 번쯤은 도전해봐도 좋다고 생각한다. 어차피 블로그는 글 개수가 일정량 쌓여야 더 많은 사람에게 노출되는 알고리즘을 가지고 있다. 그러니 블로그 초기, 열정을 불태울 때 전력 질주 한번 해보는 것을 추천한다.

네이버에서는 블로거들이 꾸준히 글을 쓸 수 있도록 독려하는 챌린지 프로그램을 운영하고 있다. 챌린지에 참여한다고 블로그가 폭발적으로 성장하는 것은 아니지만, 초보자가 꾸준히 글 쓰는 습관을 들이고, 성취감을 느끼기에는 꽤 괜찮은 프로그램이니 한번 살펴보도록 하자. 네이버 홈에서 블로그 메인 화면으로 넘어가면 상단 탭에 '챌린지 프로그램' 메뉴가 보인다.

1. 핫토픽 도전

매주 월, 수, 목에 블로그씨 질문이 배달된다. 정해진 질문에 답하는 글을 쓰면 된다. 핫토픽에 선정되면 PC 블로그 홈과 모바일 추천의 핫토픽 영역에 일정 기간 소개된다. 블로그씨 질문을 받아 보려면 내 블로그의 '관리→메뉴·글·동영상 관리→블로그씨 질문' 페이지에서 설정하면 된다.

2. 블로거, 영화를 말하다

영화 리뷰 블로그를 운영할 것이라면 이 챌린지에 꼭 참여하자. 이왕 쓰는 글, 더 많은 사람에게 노출될 수 있다. 영화 리뷰 게시판을 하나 만들어서 지속적으로 글을 써보자. 발행 전 '영화로 글 보내기'를 체크한 후 전체공개/검색허용으로 발행하면 된다.

3. 목표달성! 미션위젯

PC로 블로그에 접속하면 글 이외에 프로필과 메뉴 등의 위젯을 확인할 수 있다. 그중 미션위젯을 설정하면 내가 어떤 주제로 글을 연재하고 있는지 알려주는 위젯이 새롭게 생성된다. 미션은 '마스터 위젯'과 '100일 위젯' 두 가지 타입이 있다. 1일 1포스팅을 100일간 도전할 것이라면 100일 위젯을, 매일 포스팅하는 것은 자신 없지만 기간과 상관없이 100개의 글을 쓸 것이라면 마스터 위젯을 설정하면 된다.

✴ AI로 글쓰기

요즘 생성형 AI 서비스가 핫하다. AI가 글도 써주는 시대, 혼자 쓰기 어렵다면 AI의 도움을 받아보자. AI에게 글감을 추천해달라고 하거나 글의 주제를 던지고 초안을 써달라고 할 수 있다. 대표적인 AI 서비스로 ChatGPT(chat.openai.com)가 있다.

먼저 내가 쓰고 싶은 주제를 말하고, 제목을 추천해달라고 해보자. 마음에 드는 게 없다면 몇 가지 더 추천해달라고 요청하면 된다. 좀 더 구체적으로 물어보는 것도 가능하다. 마음에 드는 제목이 나왔다면 그 내용으로 본문을 써달라고 해보자. 훌륭한 초안이 완성된다. 물론 이 내용을 100% 동일하게 쓰는 것은 좋지 않다. 목차나 전반적인 흐름을 참고하되 세부 내용은 수정하여 나만의 스타일로 완성해보자.

 사람들의 시선을 사로잡는 카피라이팅 방법에 대해서 블로그 글을 쓰고 싶어. 제목은 어떤게 좋을까?

 "마음을 사로잡는 카피라이팅 : 시선을 끌고 마음을 움직이는 비법들"

 5가지 더 추천해줄래?

 물론이죠! 여기 몇 가지 더 제안해드릴게요.
1. "카피라이팅 마술사처럼 : 시선을 사로잡는 5가지 효과적인 기술"
2. "글쎄, 이건 대박일지도?! 카피라이팅의 비밀 무기 7가지"
3. "말 한마디로 세상을 움직여라 : 강렬한 카피 작성법"
4. "카피라이팅으로 이끄는 성공 스토리 : 시선을 사로잡는 5가지 전략"

5. "글쓰기 마스터로 거듭나기 : 카피라이팅으로 확실한 인상 남기는 방법들"
이 중에서 마음에 드는 제목을 골라서 블로그 글을 작성해보세요!

 4번, 시선을 사로잡는 5가지 전략으로 글을 쓰고 싶어. 본문 내용도 추천해줘.

 제목 "카피라이팅으로 이끄는 성공 스토리 : 시선을 사로잡는 5가지 전략"

소개 : 카피라이팅은 마치 스토리텔링과도 같습니다. 우리가 이에 사로잡히는 근본적인 이유는 흥미로운 이야기와 감동적인 내용에 있습니다. 이 블로그 글에서는 카피라이팅의 핵심 전략 5가지를 소개하며, 어떻게 이를 통해 사람들의 시선을 사로잡고 성공적인 메시지를 전달할 수 있는지 알아보겠습니다.

1. 감정을 자극하는 스토리텔링
우리는 감정을 통해 연결되고 감동받는 존재입니다. 강렬한 감정을 자아내는 이야기를 통해 독자들의 공감을 자극하면서 그들의 마음을 움직일 수 있습니다. 진솔한 경험을 나누거나 감동적인 에피소드를 이용하여 독자들을 감동시키는 방법을 살펴보세요.

2. 궁극적인 해결책 제시
독자들은 자신들의 문제를 해결해주는 해결책을 찾고 있습니다. 제품이나 서비스가 어떻게 그들의 어려움을 해소해줄 수 있는지 명확하게 보여주는 것이 중요합니다.

...

국내 AI 서비스로는 뤼튼(wrtn.ai)이 대표적이다. 국내에서 만든 서비스로 블로그 글쓰기뿐만 아니라 자기소개서, 상품소개서, 상세 페이지 글쓰기 등 목적에 맞는 다양한 초안을 만들 수 있으니 접속해서 살펴보는 것을 추천한다.

마지막으로, 희소식이 있다. 네이버가 생성형 AI 기술을 자사 콘텐츠 제작 툴인 '스마트 에디터'와 결합하기로 한 것이다. 이름은 CLOVA for Writing으로, 나의 최근 관심사와 잘 쓰는 말투, 표현 등을 분석하여 글을 수정해준다. 그뿐 아니라 글이 막힐 땐 AI를 활용하여 이어 쓰고, 요약하고, 또 다른 표현으로 바꿔볼 수 있으며 눈길을 사로잡는 제목과 적절한 해시태그 만들기에도 AI의 도움을 받을 수 있다. 현재 베타 테스트 중이고 출시일은 미정이지만, 눈여겨볼 만한 소식이다. 이젠 정말 글쓰기 스킬보다 콘텐츠 그 자체가 중요한 시대가 열린 것이다. 그러니 글쓰기에 부담이 있었다면 AI를 활용해서라도 시작해보자. AI는 거들 뿐, 결국 내 생각과 경험이 더 중요한 콘텐츠라는 사실을 기억하면 좋겠다.

✳ 일단 시작하면 보이는 것들

지금까지 수많은 사람에게 블로그를 추천했고 교육했지만 블로그를 꾸준히 운영하는 사람은 손에 꼽는다. 아니, 시작조차 하지 않은 사람이 훨씬 많다. 블로그를 지속하는 것도 어려운 일이지만 그보다 더 힘든 일은 바로 시작하는 것이다. 그걸 알기에 일단 부담 없이 시작해보라고 자꾸 권하는 것이다. 이 책을 읽고 있다면 블로그를 하고 싶은 마음이 있다는 뜻이니, 더 이상 고민 말고 오늘 당장 블로그에 접속해서 글쓰기를 시작해보자.

03

나를 브랜딩하는
글쓰기

하루에 방문자가 1,000명씩 들어와도 돈을 못 버는 사람이 대다수다. 1일 1포스팅을 하고 이웃 블로그에 방문해서 정성스럽게 댓글을 남기느라 하루에 3~4시간을 쏟아붓는데 말이다. 대체 무엇이 문제인 걸까?

방문자 수로 돈을 버는 방법은 블로그 체험단이나 애드센스 수익 정도다. 무료로 맛있는 음식을 먹고, 공연도 보고, 미용실도 다녀오는 정도로 만족한다면 브랜딩까지 꼭 알 필요는 없다. 하지만 블로그로 월 천만 원 이상의 수익을 벌어들이고 싶다면 꼭 알아야 할 것이 바로 '브랜딩'이다. 블로그로 돈 벌기의 핵심은 '얼마나 많은 사람이 방문하느냐'가 아니라 '얼마나 브랜딩이 잘되어 있느냐'라는 사실을 꼭 기억하자.

내가 보이는 글쓰기

* 나를 어떻게 소개할 것인가

　브랜딩의 시작은 '내가 누구인지를 정의하는 것'이고, 이것을 타인이 정확히 인식하게 해주는 것이 핵심이다. 즉, 상대방이 내 블로그에 들어오자마자 내가 누구인지 바로 알아차려야 한다. 과거에는 이를 위해 블로그 디자인에 많은 돈과 시간을 썼지만, 요즘엔 그렇지 않다. 대부분 모바일로 블로그를 보기 때문에 메인 화면 디자인의 중요도가 많이 낮아졌기 때문이다. 오히려 가장 중요한 것은 닉네임과 블로그 제목, 프로필 소개 글이다.

닉네임	문혜정 변호사
블로그 제목	문혜정 변호사의 법률 바인더
프로필 소개 글	여성 성폭력&이혼 변호사 폭력 예방 통합교육 전문 강사 의뢰인의 말을 경청하고 합리적인 해결 방안을 모색하는 이성적 변호사이자, 아기를 키우며 작가의 꿈을 키워가는 감성적인 사람 문의 : 이메일 주소

평소에 3P 바인더를 사용하여 꼼꼼히 기록하는 변호사님의 블로그 제목은 '문혜정 변호사의 법률 바인더'다. 프로필 소개 글을 읽어보면 전문 분야, 활동 범위, 어떤 특성을 가진 사람인지가 한눈에 들어온다. 연락 가능한 이메일 주소까지 바로 알 수 있다.

닉네임	명랑모험가
블로그 제목	명랑모험가, 경력 단절을 이기는 시간
프로필 소개 글	칼자루 쥔 삶을 꿈꾸며 기록을 통해 내 삶을 쌓아갑니다. 엄마일연구소 운영자, 동추원몰 대표. 커뮤니티 운영, F&B 사업 스토리를 담습니다.

경력 단절 후, 블로그에 일상을 기록하다가 커뮤니티 운영자이자 밀키트 브랜드 대표로 비즈니스를 키운 명랑모험가 님의 블로그 제목은 '명랑모험가, 경력 단절을 이기는 시간'이다. 경력 단절을 겪고 있는 이들이 공감할 수 있는 블로그 기록을 시작으로 '엄마일연구소'라는 커뮤니티 운영까지 활동 범위를 확장한 경험을 잘 녹여낸 제목이다.

닉네임	브랜더 김인숙
블로그 제목	인생은 프리하게, 일은 프로답게
프로필 소개 글	강점코치이자 브랜드 컨설턴트. 사람들이 사랑하는 일을 즐겁게, 오래오래 할 수 있도록 강점과 브랜딩 관점의 콘텐츠를 만듭니다. * 유튜브 : 뭐해먹고살지? * 강의 및 컨설팅 문의 : insuk@bestar.kr

현재 내 블로그 닉네임은 '브랜더 김인숙'이다. 강의, 컨설팅업의 특성상 실명을 공개하는 게 신뢰도에 도움이 된다고 생각하여 오랜 시간 실명을

블로그 닉네임으로 사용해왔다.

프리랜서로 일하다가 비스타라는 회사를 만들고, 멤버십 교육을 운영할 땐 비스타를 좀 더 각인시키기 위해 '비스타 김인숙'을 사용했다. 뉴스레터를 론칭하면서는 보다 친근한 닉네임을 쓰고 싶어 '레디'라는 수식어를 앞에 붙이기도 했다.

최근 내가 하는 일의 본질을 정의하면서 다시 브랜딩하는 사람임을 강조하기 위해 '브랜더 김인숙'으로 변경했다.

블로그 제목 또한 변화가 있었다. 과거에는 퍼스널 브랜딩이라는 전문 분야를 제목에 사용했으나, 지금은 나의 가치관을 드러내는 슬로건을 제목으로 활용하고 있다. 전문 분야를 바탕으로 정보성 포스팅을 하기보다는 나의 성장 기록을 남기는 데 주력하고 있기 때문에 이런 방향이 더 적합하다고 판단했다. 하지만 소개 글에는 전문 분야를 명확하게 표기했다. 특히 PC로 검색하다가 내 블로그에 방문하는 사람들은 보통 강의나 컨설팅을 의뢰하는 사람들이기 때문에 그에 맞춘 소개 글을 작성했다.

닉네임	감성 큐레이터
블로그 제목	센스발산 감성 큐레이터의 유쾌한 일상
프로필 소개 글	육아 요리 여행 먹으러 다니는 초보 엄마 리뷰, 서포터즈 문의는 쪽지나 이메일 주세요.

아직까지 한 분야의 전문가가 아니라서 적을 내용이 없다면, 육아 블로그를 운영 중인 감성 큐레이터 님의 사례처럼 내가 주로 리뷰하는 주제를

적어두면 된다. 리뷰나 서포터즈 문의는 쪽지나 이메일로 보내달라는 정확한 디렉션까지 남겨둔다면 체험단 블로그를 찾고 있는 브랜드의 담당자들이 보다 손쉽게 연락할 수 있게 된다.

이처럼 블로그를 운영하는 목적, 내 글의 특징과 방향성에 따라 닉네임과 블로그 제목, 소개 글을 작성하는 게 중요하다. 마지막으로 당부하고 싶은 것이 하나 있다. 어찌 되었든, 블로그로 수익화를 하려면 나만의 분야는 확실해야 한다는 사실이다. 꼭 명심하자.

*나를 소개하는 글쓰기

이제는 나를 소개하는 글을 쓸 차례다. 브랜딩 블로그의 핵심은 '사람들을 궁금하게 만드는 것'이다. 개인 블로그라면 '사람'이 궁금하게, 기업의 브랜드 블로그라면 '브랜드'가 궁금하게 만들면 된다. 우연히 검색해서 들어왔더라도 글 하나만 보고 나가는 블로그는 브랜딩이 잘된 블로그라고 볼 수 없다. 우연히 들어왔다가 글을 두 개, 세 개 읽어보고 '이 블로그를 운영하는 사람은 누구지?'라는 궁금증이 들게, 그러고 나서는 자연스럽게 일을 문의하거나 물건을 사게 만들어야 한다.

이와 관련하여 '이 블로그를 운영하는 사람은 누구지?'라고 궁금해할 때 답을 줄 수 있는 글이 있어야 한다. 다시 말해, '나를 궁금해하는 사람에게 처음으로 자신을 소개하는 글'을 작성해야 한다. 글을 쓰기 전, 다음 질문에 답해보자.

- 누가 내 블로그에 들어왔을까?
- 그는 어떤 키워드로 검색하다가 내 블로그까지 들어오게 된 것일까?
- 그 사람이 진짜 궁금해하는 건 무엇일까?
- 그 사람은 어떤 사람과 블로그 이웃이 되고 싶을까?
- 혹은 어떤 블로그여야 즐겨찾기를 해가면서까지 다시 방문하고 싶을까?
- 판매하는 물건이 있다면 어떤 사람, 브랜드의 물건을 사고 싶어 할까?
- 강의를 의뢰한다면, 어떤 사람에게 강의를 문의할까?

기본적으로 '전문 분야'에 대한 내용이 들어가야 한다. 그럼 나의 전문성을 어떻게 어필할 수 있을까를 고민해봐야 한다. 학력, 경력과 같이 남들이 신뢰할 만한 내용이 있다면 무조건 적어보자. 나에게 컨설팅받았던 반려견 교육 전문가는 전문성 향상을 위해 해외까지 가서 공부를 하고 왔다. 이런 경우, 외국에 공부하러 가서 찍었던 사진을 꼭 첨부하는 게 좋다.

아직 이렇다 할 스펙이 없다면 어떻게 해야 할까? 그렇다면 스토리로 승부해야 한다. 내가 어떤 철학을 가지고 이 일을 하는지, 추구하는 가치에 대해서 진정성 있게 서술하는 게 좋다. 혹은 내가 가진 성향과 특징을 매력적으로 보여주는 것도 방법이다. 사실 스펙 좋은 사람은 많기 때문에, 매력과 진정성으로 승부를 보는 사람에게 더 많은 기회가 주어지기도 한다.

나만의 스토리를 작성하기 전에 '나는 어떤 사람인가? 어떤 사람으로 보이고 싶은가?'에 대한 답을 먼저 정리해보는 게 중요하다. 자칫하면 사람들은 전혀 궁금해하지 않는 이야기를 나 혼자 주절주절 늘어놓을 수도 있기 때문이다. 이 글은 나의 회고록이자 자랑 글이 아니라, 사람들에게 나를 소개하는 글이라는 사실을 절대 잊으면 안 된다. 조금 더 쉽게 답할 수 있도록 이미지 키워드를 정리해보았다. 수많은 키워드 중, 나는 어떤 사람으로 보이고 싶은지를 선택해보자.

지적인	열정적인	성실한	창의적인	차분한
똑똑한 학구적인 박학다식한 지혜로운 교양 있는	도전적인 의욕적인 용기 있는 추진력 있는	열심히 일하는 끈기 있는 꾸준한 시간 엄수하는	호기심 많은 상상력 풍부한 열린 마음의 기발한	진지한 느긋한 신중한 꼼꼼한 자아 성찰적인 생각이 깊은
배려심이 있는	신뢰할 만한	강한	유능한	활기찬
매너가 좋은 잘 도와주는 관대한 이해심이 많은 친절한	책임감 있는 자기관리 잘하는 자제력 강한 의리 있는 듬직한	카리스마 있는 야망 있는 대담한 집요한 회복이 빠른 소신 있는	경쟁력 있는 리더십 있는 철저한 다재다능한 선견지명 있는	위트 있는 쾌활한 에너지 넘치는 젊은 사교적인 사랑이 넘치는
자유로운	진실된	이성적인	세련된	
자립심 강한 독립적인 유연한 모험을 즐기는 주도적인	정직한 솔직한 진정성 있는 겸손한 예의 바른 일관성 있는	논리적인 합리적인 분석적인 전략적인 체계적인	매력적인 부티 나는 우아한 감각적인 트렌디한	

최근 남편이 블로그를 시작했다. 부동산 관련 공부를 하면서 블로그를 운영하겠다고 했다. 아직 전문가는 아니라서 관련된 스펙을 나열할 수는 없었다. 대신 본인의 강점인 '분석적이고 체계적인' 모습을 잘 드러내는 쪽으로 방향을 잡았다. 동시에 너무 이성적인 모습만 부각되면 소통하기에 부담스러울 수 있으니, '잘 도와주는' 이미지도 추가하면 좋을 것 같았다. 평소 일을 하거나 인간관계에서 매너가 좋고, 잘 도와주는 사람이라는 피드백을 많이 받았기 때문이다.

이미지 키워드 : 분석적인, 체계적인, 잘 도와주는

이렇게 키워드를 먼저 정한 다음 소개 글을 쓰면 훨씬 더 명확하게 내 이미지를 보여줄 수 있다. "내가 분석적이고 체계적인 사람이라는 걸 어떻게 소개하면 좋을까?", "무엇이든 잘 도와줄 수 있는 배려심 있는 사람이라는 걸 어떻게 설명하지?"라고 질문을 던지면서 답을 하면 되기 때문이다.

연구원으로 일했다는 사실을 밝히는 것만으로도 '분석적'인 이미지를 어필할 수 있다. 거기다 자료 조사와 정리를 좋아하고 엑셀을 잘 다룬다는 점을 밝히면 체계적이고 일도 잘하는 사람이라는 느낌도 줄 수 있다. 부동산 공부를 시작하게 된 이유를 쓰다 보면 공감과 진정성도 느껴질 수 있다. 마지막으로 '부동산 관련 정보가 궁금한 누군가에게 도움을 주고 싶어서 제가 공부하는 과정을 블로그에 기록합니다'라고 쓰면 깔끔하게 마무리할 수 있다.

전문성이 부족한데, 이런 소개 글만으로도 사람들이 나를 신뢰할까? 의문이 들 수 있다. 하지만 확실하게 말할 수 있는 사실은 '전문성 있는 사람'보다 '진정성 있는 스토리를 가진 사람'이 더 매력적이라는 점이다. 특히 전문가 시장은 더더욱 그렇다. 사람들은 '친절하게 상담해줄 수 있는 의사'를 원하고, 수많은 변호사 중에서 '내 이야기를 진심으로 공감하며 들어줄 수 있는 변호사'를 만나고 싶어 한다. 그러므로 스펙이 좋은 사람일수록 꼭 진정성 있는 스토리를 포함한 자기소개 글을 적어야 하고, 스펙이 없는 사람은 스토리만으로 승부할 수 있도록 솔직하고 진정성 있게 나의 이야기를 적어 내려가야 한다.

나 또한 이 방법으로 일을 키워왔다. 전문성을 강조하기엔 스펙이 부족했던 시절에는 '꿈을 좇아가는 여정을 솔직하게 기록하고 있다'라는 내용을 큰 줄기로 하여 소개 글을 적어나갔다. 내 삶의 우선순위는 무엇인지, 어떤 가치를 추구하는 사람인지를 작성하여 나의 진정성과 캐릭터가 드러나게 했다.

제 삶의 1순위는 바로 '사람'입니다.
조금 더 정확히 말하자면 제가 사랑하는 사람들이 1순위입니다.
가족, 가까운 친구들, 그리고 저를 믿고 함께해준 동료들과 제 수업을 들었던 수많은 분들까지.

제가 사랑하는 사람들이 절 필요로 할 때 기꺼이 그들과 함께할 수 있는 사람이 되고 싶습니다. 그렇게 하기 위해서는 시간적으로나, 경제적으로나, 그리고 정서적으로도 자유와 여유가 있는 사람이 되어야 한다고 생각했습니다.

저의 수많은 선택 속에는 '사람'이 있습니다. 어떤 일을 하느냐보다는 '어떤 사람'과 함께하느냐가 중요합니다. 지금까지 저를 믿고 지켜봐준, 그리고 묵묵히 응원해주는 많은 분들께 꼭 보답하는 삶을 살고 싶습니다.

그리고 앞으로 함께하게 될, 아직은 만나지 못한 수많은 인연에게도 항상 진심으로 대할 수 있는 그런 넉넉한 사람이 되고 싶습니다.

-2015년 블로그에 썼던 소개 글 일부

퍼스널 브랜딩을 업으로 삼는 사람이 '사람을 좋아하고 중요하게 생각한다'라고 말하니, 이 사람이라면 믿고 찾아가도 되겠다는 생각을 하지 않았을까? 덕분에 전문성이 무르익기 전부터 많은 사람이 나를 믿고 찾아왔고, 진정성 있는 관계를 형성하여 지금까지 인연을 이어오고 있다.

정리하자면, 나를 소개하는 글은 꼭 써야 한다. 소개 글에는 나의 전문성과 진정성을 드러내는 스토리를 포함하는 것이 좋다. 나를 소개하는 글이 부담스럽다면 '내 블로그 소개 글'을 쓴다고 생각해보자. 이 블로그는 어떤 주제로 운영되고 있는지, 어떤 내용이 올라올 것인지 작성하면 된다. 이때 포스팅 제목에 '처음 오신 분들에게' 같은 문구를 적어두면 직관적으로 읽혀서 사람들이 더 쉽게 클릭할 수 있다.

마지막으로, 해당 글을 블로그 공지 글로 지정하여 많은 사람이 볼 수 있도록 해야 한다. 포스팅을 작성한 다음 '발행' 버튼을 누르면 '공지사항으로 등록'이라는 체크박스가 보인다. 이 항목을 체크하면 공지 글로 등록된다. 오프라인 매장이 있는 블로그라면 소개 글과 별도로 매장까지 쉽게 찾아오도록 안내 글을 써두는 것이 좋다. 제목은 '오시는 길'과 같이 직관적으로 적으면 된다. 판매하는 제품이 있다면 관련 내용도 작성하여 공지 글로 같이 등록해두자.

✱ 계속 보고 싶은 글쓰기

브랜딩이 잘된 블로그인지 아닌지는 '재방문율'로 확인할 수 있다. 한 번 보고 '뒤로가기'를 누르는 게 아니라, 블로그의 또 다른 글을 보고 싶게 만드는 것이 핵심이다. '어떻게 해야 내 블로그에 계속 방문하고 싶어 할까?'를 생각해봐야 한다.

부업으로 돈을 더 벌고 싶어서 이런저런 정보를 검색하는 사람이 있다고 가정해보자. 그는 어떤 단어를 검색할까? '직장인 부업'이나 '재택 부업', 혹은 'N잡러' 같은 단어를 검색해볼 것이다. 광고처럼 보이는 글이 많이 눈에 띈다. 그중 '부업으로 100만 원을 벌었습니다'라는 제목을 클릭한다. 내용을 읽어보니 월급 300만 원을 버는 평범한 직장인이 부업으로 100만 원을 꾸준히 벌고 있다는 이야기다. 여기까지 읽고 나면 그는 어떤 생각을 할까?

"대체 무슨 일을 하길래 100만 원을 더 번다는 거지?
평범한 직장인이라는데, 무슨 일을 하는 사람일까?
나도 할 수 있는 일인가?
어떻게 시작할 수 있을까?"

블로그 제목을 확인해보니 '디지털 노마드를 꿈꾸는 30대의 도전 스토리'라고 적혀 있다. '나도 디지털 노마드에 관심이 있고, 30대인데!' 더 호기심이 생긴다. 공지에 '제 소개 글입니다'라고 적혀 있는 글을 자연스럽게 클릭한다. 읽어보니 경기도에 살면서 서울로 출퇴근하는 평범한 회사원이다. 대단한 전문직은 아닌 것 같다. 코로나 시기에 유튜브를 보면서 다양한 부업에 도전했다고 적혀 있다. 유튜브와 스마트스토어도 해보고, 전자책도 팔아보고, 이것저것 건드려봤지만 잘된 건 없었다고 한다. 성과는 없었지만, 그 과정을 꾸준히 블로그에 기록했더니 어느 순간부터 블로그 방문자 수가 하루 1,000명이 넘어가고, 체험단과 기자단 문의가 들어오기 시작했다고 쓰여 있다. 소소하게 체험단을 하면서 가끔 원고료도 받다 보니 지인들이 너도나도 어떻게 하는지 알려달라고 부탁했다고 한다. 이후 지인들에게 블로그 체험단 하는 방법을 알려주었는데, 그중 한 명이 블로그에 재미를 붙여서 엄청 열심히 블로그를 운영하더니 온갖 살림살이를 블로그 체험단으로 마련하고 있다는 게 아닌가. 이 사례를 블로그에 소개했더니 블로그 이웃들이 '나도 강의를 듣고 싶다'고 댓글을 남기기 시작했고, 주말에 이웃들을 상대로 강의를 시작했다고 한다. 아직 돈을 많이 받는 게 부담스러워 3만 원에 강의를 하고 있지만, 사람들 반응이 좋아서 차차 금액을 올릴 예정이라고.

이 정도 이야기를 알게 되었다는 건, 이미 이 사람의 블로그 글을 수십 개는 읽었다는 뜻이다. 이쯤 되면 '나도 한번 도전해보고 싶다'는 생각이 자연스럽게 든다. 공지 글을 보니 바로 다음 주에 블로그 강의가 잡혀 있다. 고민할 새도 없이 강의 신청 완료.

이게 바로 블로그 브랜딩의 힘이다. 우연히 들어왔다가 수십 개의 글을 읽게 만들며, 호감과 신뢰를 살 수 있고, 기꺼이 돈까지 내게 만든다. 사람들이 많이 검색하는 키워드를 찾아서 글을 쓰는 것도 물론 중요하다. 하지만 아무리 많은 사람이 방문해도 글 하나만 보고 '뒤로가기'를 누른다면 나에게 큰 득이 되지 못한다. 호기심이 생겨 다른 글까지 보게 만드는 글쓰기를 목표로 해야 한다.

특히 블로그를 시작한 초기에는 글을 아무리 열심히 써도 검색 결과 첫 페이지에 잘 노출되지 않기 때문에, 처음부터 키워드에 집착하기보다는 나의 이야기를 쌓아두는 게 중요하다. 사람들이 어떤 이야기를 궁금해할지 계속 고민하며 양질의 콘텐츠를 하나하나 쌓아가자. 각각의 글은 검색 노출이 잘 안되더라도, 뒤늦게 내 블로그를 방문한 사람이 찾아서 읽을 수 있으니 말이다.

앞의 이야기에서 알 수 있듯이, 사람들이 블로그에 오래 머무르고 다른 글도 보게 만들려면 '하나의 주제를 집중적으로 다루는 것'이 중요하다. 부업이 궁금해서 들어왔는데 관련 글은 한 개밖에 없고 여행이나 맛집 관련 글로 가득한 블로그라면 다시 방문하지 않을 것이기 때문이다.

과정을 시리즈로 연재하는 것도 좋은 방법이다. 치앙마이로 여행을 떠나기 전, 블로그에서 치앙마이 관련 글을 많이 찾아봤다. '치앙마이 여행'을 검색하니 항공권, 경비, 숙소 등을 상세히 적어둔 블로그들을 쉽게 찾을 수 있었다. 하지만 그중에 이웃 신청을 하거나, 글을 연속으로 읽어볼 만한 블로그는 거의 없었다. 정보도 중요하지만 보다 세세하고 솔직한 이야기가 궁금했다. 그래서 '치앙마이 한 달 살기'를 검색했다. 이렇게 검색하니 치앙마이에서 일주일 이상 머물렀던 사람들의 하루하루 일상 기록을 찾을 수 있었다. 내가 찾던 정보였다. 순식간에 수십 개의 글을 읽었고, 읽다 보니 너무 재미있어서 그 사람이 다녀온 또 다른 여행지 글들도 찾아 읽었다.

어떻게 해야 사람들이 내 글을 계속 보고 싶게 만들 수 있을까? 꼭 생각해봐야 할 질문이다.

✷ 나를 신뢰하게 만들기

> *"대표님, 사업하는 지인이 마케팅이 필요하다고 하길래*
> *대표님 블로그 링크를 공유해드렸어요.*
> *보고 괜찮으면 연락 갈 거예요."*

유튜브를 하기 전까지는 블로그가 나를 신뢰하게 하는 핵심 경쟁력이었다. 블로그에 마케팅 관련 노하우를 올린 적이 없었음에도 많은 사람이 블로그만 보고 일을 의뢰했다. 함께 일할 사람을 구해본 적이 있는 사람이라면 공감할 것이다. 전문성은 기본이고, 그 사람의 성향과 태도 또한 중요하다는 사실을. 마케팅을 직접 해야 한다면 마케팅 정보를 친절하게 적어둔 블로그가 도움이 되겠지만, 마케팅 전문가를 찾는 입장이라면 말이 달라진다. '마케팅하는 법' 같은 글보다는 '이 사람이 어떤 사람인지'가 훨씬 더 궁금할 것이다. 이 상황에서 미리 작성해둔 '소개 글'을 읽는다면? 게임 끝이다. 전문성도 있는 것 같고, 이 사람의 가치관과 철학이 마음에 든다. 그러면 만나고 싶다고 연락하는 것이다.

유튜브를 시작한 후에도 똑같은 경험을 했다. '뭐해먹고살지?'라는 채널명에 걸맞게 초반에는 진로와 커리어 관련 영상을 주로 올렸다. '마케팅하는 법'보다는 '마케터가 되는 방법'을 더 많이 다뤘다. 그런데도 수많은 사람이 마케팅을 의뢰하고 싶다고 연락을 해 왔다. 이유는? 영상을 보니 진정성이 있어 보였기 때문이란다.

물론 이건 내가 가진 강점이기도 하다. 동그란 얼굴에 쌍꺼풀이 없어 더 순해 보이는 눈, 차분한 목소리, 뭐 하나를 설명하더라도 본질부터 설명하려는 습관. 이 모든 것이 더해져 사람들이 나를 진정성 있는 사람이라고 느끼는 듯하다. 그게 수많은 마케팅 전문가 중 나를 선택하는 이유가 되는 것이다.

이처럼 유튜브는 영상 플랫폼 특성상 외모와 목소리, 톤으로도 쉽게 이미지가 만들어진다. 하지만 블로그는 글과 사진 중심이기 때문에 노력 없이는 내가 잘 보이지 않는다. 그렇다면 어떤 노력을 해야 할까? 단순하다. 그냥 솔직하게 글을 쓰면 된다. 글은 지문과 같아서 오히려 그 사람이 더 잘 보인다. 글을 읽다 보면 이 사람이 쾌활한지, 차분한지, 친절한지, 똑똑한지 충분히 알 수 있다. 그게 나의 매력 포인트이자 나를 찾게 하는 이유가 된다는 사실을 기억하자.

블로그만 봐도 내가 어떤 사람인지 보여야 한다. 그렇게만 된다면 블로그는 여러분에게 체험단, 기자단 이상의 수익과 기회를 가져다줄 것이다.

나를 브랜딩하는 글쓰기를 위한 질문 List

나다움이 고민된다면

1 당신이 삶에서 중요하게 여기는 가치는 무엇인가요?

2 무엇을 할 때 열정적인가요?

3 당신을 움직이게 만드는 동기는 무엇인가요?

4 내 이름 앞에 수식어를 붙인다면?

5 나를 동물, 사물, 브랜드, 만화나 소설 속 등장인물에 비유한다면? 그 이유는?

솔직한 내 모습이 드러나는 에피소드를 찾아본다면

1 오랜 친구와 편하게 나누는 흑역사 이야기가 있나요?

2 친한 후배가 찾아와 고민을 이야기합니다. 무슨 이야기를 주로 해주나요?

3 남들은 쉽게 경험하지 못할 특별한 경험을 한 적이 있나요?

4 현재의 내 모습을 만드는 데 기여한 사건이 있다면?

5 내가 생각하는 나의 약점, 콤플렉스, 후회되는 순간은?

나의 일상과 취향이 콘텐츠가 된다면

1 에세이 작가가 된다면 어떤 주제로 글을 쓰고 싶나요?

2 브이로그를 찍는다면 어떤 주제로 찍고 싶나요? 제목을 적어봅시다.

3 하루 종일 떠들어도 할 말이 넘치는 주제가 있나요?

| 4 | 내가 가장 많은 돈과 시간을 쓰는 분야, 품목, 장소는 무엇인가요? |
| 5 | 핸드폰 사진첩에서 가장 많은 비중을 차지하는 것은 무엇인가요? |

전문성이 드러나는 콘텐츠를 만들려면

1	사람들이 나에게 공통적으로 자주 하는 질문은?
2	사용법이나 활용법을 잘 설명할 수 있는 주제가 있다면?
3	인터뷰 콘텐츠를 만든다면 어떤 주제로, 누구를 인터뷰할 수 있을까요?
4	큐레이션 콘텐츠를 만든다면 어떤 주제가 가능할까요? 'ㅇㅇㅇ 추천 Top5'를 주제로 정리해보세요.
5	전문 분야와 관련하여 네이버 지식인이나 커뮤니티에 올라온 질문 글을 5개 찾고, 직접 답변을 정리해봅시다.

진정성이 드러나는 글을 쓰려면

1	당신이 지금 하는 일, 왜 하필 그 일을 선택했나요? 혹은 하고 싶은 일이 있다면, 왜 그 일을 하고 싶은가요?
2	나의 꿈과 목표, 비전은 무엇인가요?
3	내 성장 과정, 일지를 기록한다면 어떤 주제로 기록할 수 있을까요?
4	가치관에 맞지 않아 거절하거나 포기한 일이 있나요?
5	요즘 당신의 감정은 어떠한가요? 기분을 솔직하게 기록해보세요.

영향력을 만드는 글쓰기

돈을 벌고 싶다면 상품을 판매해야 한다. 그런 이유로 과거에 블로그 마케팅을 하는 사람들은 보통 사업자였다. 자신의 매장이나 상품이 있는 사람들이 블로그를 통해 잠재 고객을 확보하고, 그들이 내 물건을 기꺼이 구매하도록 유도하는 식이었다.

하지만 N잡이 유행인 요즘, 사업을 하는 사람이 아니어도 블로그로 돈을 벌 수 있다고들 말한다. 대체 어떻게 그게 가능한 걸까? 지금부터는 그 본질을 꿰뚫어 볼 것이다. 그걸 이해해야 블로그뿐만 아니라 다양한 방법을 활용해서 수익을 극대화할 수 있다.

과거에는 상품이 있어야만 돈을 벌 수 있었다면, 이제는 영향력만으로도 돈을 벌 수 있는 시대가 되었다. 이 '영향력'이 바로 블로그 수익화의 열쇠다. 블로그는 '영향력'을 만들 수 있는 강력한 플랫폼이기 때문이다. 우리가 주목해야 할 개념은 바로 '영향력'이다. 영향력은 내가 하는 말과 행동이 타인에게 영향을 미치는 능력이다. 최근엔 영향력이 극대화된 사람을 하나의 직업으로 지칭하기도 한다. 우리가 아는 '인플루언서'가 바로 그것이다.

인플루언서는 상품이 없어도 돈을 벌 수 있다. 이들의 글과 사진, 말 한마디가 다른 사람들에게 미치는 파급력이 매우 크기 때문이다. 사람들은 인플루언서가 소개하고 추천하는 제품을 신뢰하고 기꺼이 구매한다. 충성도 높은 팔로워들이나 팬덤이 있다면 더욱더 그렇다. 즉, 인플루언서에게는 자신의 상품이 없어도 큰 매출을 일으킬 수 있는 영향력이 있다. 그렇기에 기업들이 먼저 찾아와 제발 우리 제품을 사용해달라고 요청한다.

인스타그램 팔로워가 많은 인플루언서는 그들의 영향력을 바탕으로 직접 브랜드를 론칭하기도 하고, 공동구매를 통해 수익을 만들어낸다. 그런데 공동구매는 블로그가 원조였다는 사실, 알고 있는가? 현재 인스타그램 인플루언서로 자기 브랜드를 운영하는 사람 중 상당수가 과거에 파워 블로그를 운영하며 팬을 모으고 공동구매를 했던 사람들이다. 블로그를 키우며 탄탄하게 쌓아온 그들의 영향력이 인스타그램이라는 플랫폼을 만나 폭발한 것이다.

그럼 블로그보다 인스타그램이 더 좋은 것 아니냐고 반문할 수 있다. 어떤 면에서는 인스타그램이 확실히 좋다. 내가 누구인지 사람들에게 인식되려면 '반복적으로 여러 번' 눈에 띄는 게 필수적인데, 인스타그램과 유튜브는 사람들이 습관적으로 자주 들어가서 이것저것 훑어보는 플랫폼이기 때문에 내 콘텐츠가 사람들에게 손쉽게 도달할 수 있다.

그에 반해 블로그는 보고 싶은 글만 직접 선택해서 보는 플랫폼이며, 내 글을 반복적으로 여러 번 보게 하는 것도 쉽지 않기 때문에 불리하다. 그래서 어쩌다 들어온 사람들이 내 글을 다 읽어보고 싶게 만들어야 하며, 프로필과 공지 글에 있는 소개만으로도 내가 어떤 사람인지 한눈에 보여야 한다고 강조하는 것이다. 그래야 관심을 가지고 내 글을 다시 보러 올 것이기 때문이다.

블로그만 열심히 해온 사람에게는 인스타그램이나 유튜브로 확장해서 운영할 것을, 인스타그램과 유튜브만 운영하는 사람에게는 블로그를 같이 운영해보라고 권하기도 한다. 사실 플랫폼은 거들 뿐이다. 어떤 SNS를 선택하든 간에, 한 플랫폼에서 제대로 자리 잡은 후 확장하면 영향력을 키우기에 더 유리하다. 그렇다면 역시 초보자가 시작하기에는 블로그가 좋다. 그 이유는 앞서 설명한 바로 충분할 것이다.

나를 브랜딩한다는 것은 인지도와 신뢰를 쌓고 결과적으로 영향력을 갖게 됨을 의미한다. 브랜딩으로 돈을 벌고자 한다면, 본질은 영향력이라는 것만 기억하면 된다.

어떻게 영향력을 갖게 되는가

✳ 네이버 인플루언서

　앞서 말했듯, 네이버 인플루언서는 네이버에서 지정한 영향력 있는 사람을 뜻한다. 50쪽에서 블로그의 주제를 선택할 때 네이버 인플루언서 영역을 미리 살펴보고 정하는 방법에 대해서 언급했다. 나의 분야를 정한 후 꾸준히 포스팅을 해왔다면 네이버 인플루언서에 도전해보자.

　네이버에서는 소위 영향력 있는 블로거들을 '인플루언서'로 지정하여 다양한 혜택을 제공한다. 사실 진짜 영향력을 가진 인플루언서라고 하기엔 2% 아쉽지만, 인플루언서라는 타이틀을 가진 것만으로도 누릴 수 있는 혜택이 있다. 대표적인 혜택은 역시나 '더 많이 노출될 기회'가 생긴다는 점이다. 또, 금액이 높은 프리미엄 광고 배너를 삽입하여 수익을 늘릴 수도 있다. 그러므로 블로그를 어느 정도 키운 뒤에는 인플루언서에 지원하여 그 혜택을 누려보자.

　그렇다면 네이버 인플루언서의 선정 기준은 무엇일까? 네이버는 단순히 블로그 지수가 높은 사람이 아니라 '인플루언서'라는 단어의 의미처럼 이 사람이 가진 '영향력'을 판단한다. 그래서 네이버 블로그뿐만 아니라 네이버 포스트, 네이버 TV, 유튜브와 인스타그램 활동 등을 모두 살펴본 뒤 심사한다. 인플루언서 홈의 영향력 지수 또한 '블로그, 인스타그램, 유튜브 등 운영 채널의 팔로워 수 총합'으로 계산한다. 다양한 채널에서 동일한 주제로 두루두루 영향력을 가지고 있는 사람이라는 의미다. 그러므로 전체적인 채널의 영향력이 높고, 주제의 일관성이 있으며, 콘텐츠의 품질이 높다면 네이버 블로그 지수가 높지 않더라도 인플루언서가 될 수 있다.

만약 유튜브나 인스타그램을 활발히 운영 중인 사람이라면 네이버 블로그로 확장하는 게 오히려 유리할 수 있다. 반면 온라인 채널을 한 번도 운영해보지 않은 사람이라면 블로그부터 열심히 키우되 차츰 인스타그램과 유튜브로 확장하는 것을 고려해보자. '영향력 있는 사람'이 되려면 블로그뿐만 아니라 다양한 채널에서 영향력을 발휘하는 게 도움이 되기 때문이다.

심사 기간은 약 일주일 정도 소요되며, 심사가 완료되면 개별적으로 결과를 메일로 보내준다. 승인이 안 된 경우 재지원이 가능하지만, 2회 이상 지원했다면 마지막 지원일로부터 30일이 지난 후 재지원이 가능하다. 그러니 만약 인플루언서로 선정되지 못했다면 전문성 있는 콘텐츠를 열심히 발행한 후에 다시 지원하는 것을 권한다.

네이버 인플루언서가 되면 네이버에서 검색 노출이 될 때 블로그 제목 옆에 녹색의 '인플루언서' 표시가 생긴다. 인플루언서 제도를 잘 모르는 일반인이 보더라도 '인플루언서'라는 키워드는 눈길을 사로잡고 신뢰를 더하기에 충분하다. 그뿐만 아니라 인플루언서의 팬이 되면 검색 결과 중에서도 내가 구독한 인플루언서의 글이 우선 노출된다. 인플루언서의 팬은 블로그의 이웃과는 다른 개념으로, 해당 인플루언서의 홈에 들어가서 '팬하기' 버튼을 눌러 구독하면 된다. 아직은 많이 알려진 기능이 아니라 생소할 수 있다. 하지만 블로그를 열심히 운영하는 사람이라면 이웃들에게 인플루언서 홈에서 '팬하기'를 눌러달라고 적극적으로 요청하여 팬 수를 늘려두는 것이 좋다. 어쨌든 내 콘텐츠가 사람들에게 더 많이, 손쉽게 닿을 수 있는 방법이기 때문이다.

✻ 전문가로 포지셔닝하기

네이버 인플루언서를 판단하는 기준에서 알 수 있듯이, 이제는 '한 분야의 전문성'을 가진 사람이 영향력을 갖는 시대다. 다만 전문성에 대한 정의가 달라졌다는 사실을 알아야 한다. 의사, 변호사, 회계사 등과 같이 꼭 전문직이어야만 전문성을 인정해주는 게 아니라 **한 가지 주제로 꾸준히 콘텐츠를 발행해온 사람이라면 그 분야의 전문가라고 인정받을 수 있다.** 내가 좋아하는 분야가 있다면 관련 주제를 끊임없이 공부하고 콘텐츠까지 만들어보자. 그러다 보면 어느새 그 분야의 전문가로 자리매김할 수 있다.

블로그 체험단, 기자단 같은 활동을 통해서 건당 수익을 올리는 것도 물론 의미 있지만 블로그로 인생을 바꾸고, 커리어를 쌓고, 월 천만 원 이상의 수익을 만들어내고 싶은 사람이라면 마음가짐부터 다르게 가져야 한다. 나는 한 분야의 전문가가 될 것이라고 말이다.

그럼 어떻게 전문가가 될 수 있을까? 열심히 공부하고, 관련 경험을 쌓는 것도 중요하다. 하지만 내가 아는 지식과 정보, 경험을 바탕으로 사람들에게 도움을 주는 것이 훨씬 더 중요하다. 아주 대단한 지식과 정보, 경험이 아니어도 괜찮다. **나의 소박한 경험이 누군가에게는 중요한 정보이자 인사이트가 되기 때문이다.**

요즘 집에서 도토리묵을 해 먹는 데 재미를 붙였다. 시어머니께서 도토리 가루를 대량으로 보내주신 덕이다. 가루를 물에 풀어 팔팔 끓이다가 점점 굳어가는 느낌이 들 때 주걱으로 휘휘 저어주기만 하면 된다. 적당히 끈

적거리는 점도가 되면 큰 용기에 붓고, 하루 정도 식히면 묵 완성! 이건 참 쉬운데, 문제는 양념이다. 하루가 지난 뒤 묵을 먹기 좋게 자르고 양념장을 만들어 상추와 깻잎, 오이와 당근과 함께 버무려야 하는데, 양념장에 들어가는 재료와 비율이 당최 외워지지가 않는다. 마케팅 법칙은 한 번 보면 알겠는데, 요리는 매번 볼 때마다 새롭다. 역시 사람에게는 적성과 재능이라는 게 존재하나 보다.

'도토리묵 양념장 레시피'는 요리가 취미인 사람에게 너무나도 쉬운 주제지만, 요리를 잘 못하는 나에게는 정말 유용한 정보다. 블로그를 키우는 방법은 어떨까? 나에게는 너무 쉬운 주제지만, 이 글을 보고 있는 당신에게는 매우 유용한 정보가 될 수 있다. 그렇다면, '블로그 키우는 방법'이 '도토리묵 양념장 레시피'보다 전문적인 콘텐츠라고 말할 수 있을까? 전문성은 특정 분야에 국한되지 않는다. 누군가에게 도움을 주는 콘텐츠를 생산해낸다면, 누구나 전문가로 인정받을 수 있다.

전문가로 포지셔닝하기 위해서 나를 한 문장으로 정리해보자. 브랜드가 하는 일, 업의 본질을 한 문장으로 정리한 것을 '브랜드 스테이트먼트(Brand Statement)'라고 한다. 이것을 응용하여 내가 발행하는 콘텐츠를 한 문장으로 정의해보자. 일명 '콘텐츠 스테이트먼트'다. 나의 콘텐츠 스테이트먼트를 정리하고 나면 전문성 있는 콘텐츠를 발행하기가 보다 쉬워질 것이다.

브랜드 스테이트먼트에는 세 가지 요소가 꼭 포함되어야 한다. 바로 직업, 타깃, 가치이다.

이 세 가지 질문에 답할 수 있다면 내가 하는 일을 한 문장으로 정의할 수 있다.

이게 나의 브랜드 스테이트먼트다. 만약 나처럼 하는 일이 뚜렷하고, 관련 콘텐츠를 발행하는 사람이라면 브랜드 스테이트먼트를 기준으로 관련 콘텐츠들을 만들어가면 된다.

하지만 내가 하는 일을 아직 명확히 정의하지 못했거나 일단 가볍게 블로그부터 시작하는 사람이라면 브랜드 스테이트먼트보다는 콘텐츠 스테이트먼트를 작성해보자. **콘텐츠 스테이트먼트에는 주제, 타깃, 가치가 포함되어 있어야 한다.** 브랜드 스테이트먼트와의 차이점은 내가 하는 일이나 직업 대신 내가 어떤 콘텐츠를 발행할 것인지를 중점에 두고 작성한다는 점이다.

요리 콘텐츠를 만드는 사람이라면 아래와 같은 콘텐츠 스테이트먼트를 작성해볼 수 있다.

집에서 직접 밥을 해 먹는 자취생들이 **타깃**
간편한 재료로 쉽게 요리할 수 있도록 **가치**
초간단 집밥 레시피 콘텐츠를 발행합니다. **주제**

똑같은 요리 콘텐츠를 만들더라도 콘텐츠 스테이트먼트가 완전히 다를 수도 있다.

아이를 키우는 엄마들이 **타깃**
매일 어떤 반찬을 해야 할지 덜 고민하도록 **가치**
다양한 레시피 콘텐츠를 연구하고 제작합니다. **주제**

이처럼 동일한 주제라도 누구를 대상으로 삼느냐에 따라 어떤 가치를 제공할 것인지가 달라진다. 내 콘텐츠는 어떤 가치가 있을까? 사람들에게 어떤 의미가 있을까? 블로그 이웃들에게 어떤 도움이나 혜택을 가져다줄 수 있을까? 골똘히 생각해보자. 이 질문에 답을 할 수 있다면 그냥 블로거가 아니라 영향력을 갖춘 인플루언서이자 브랜드로 거듭날 수 있다.

특히 콘텐츠를 발행할 때 타깃을 고려하는 것은 매우 중요하다. 모두를 만족시키는 것만큼 어려운 일은 없다고 한다. 모두를 만족시키려다간 아무도 만족시킬 수 없다. 우리는 전 국민에게 영향력을 행사하려는 게 아니다. 나의 도움이 필요한 누군가에게 확실하게 도움을 주는 것이 더 중요하다. 이를 개념화한 것이 '마이크로 인플루언서'다. 마이크로 인플루언서는 100만 팔로워를 가진 크리에이터만큼의 유명인은 아니지만, 특정 분야의 콘텐츠를 꾸준히 만들어서 해당 분야에 관심이 있는 사람들에게만큼은 강력한 영향력을 발휘하는 사람을 지칭한다. 기업에서 광고를 의뢰할 때도 대형 크리에이터보다 이런 마이크로 인플루언서에게 주목하는 추세다. 타깃층이 분명하기 때문에 오히려 충성도와 신뢰도가 높은 경우가 많고, 그렇기에 제품 구매로 전환될 확률도 높기 때문이다. 즉, 마이크로 인플루언서가 되면 다양한 방식으로 수익을 창출할 기회가 생긴다.

일기를 제외한 모든 글은 누군가가 보기 마련이다. 누군가가 보는 글을 작성한다는 것은 곧 타인에게 영향을 미친다는 뜻이다. 나의 영향력을 누구에게 미칠 것인지, 누구와 관계 맺고 싶은지 진지하게 생각해보아야 한다. 타깃을 고려하지 않고 자신이 쓰고 싶은 글만 쓰는 사람이 많다. 하지만 영향력을 행사하고 싶다면, 브랜드로 성장하고 싶고 블로그로 더 많은 기회와 부를 창출하고 싶다면 타깃을 고려하는 것은 매우 중요하다. 나의 글이 누구에게 도달할지, 그들에게 어떤 가치를 전할 수 있을지 항상 생각하며 콘텐츠를 발행하자. 어느 순간 당신은 인플루언서가 되어 있을 것이다.

✱ 책으로 이어지는 글쓰기

콘텐츠 스테이트먼트를 바탕으로 꾸준히 글을 작성하다 보면 자연스럽게 사람들에게 '감사하다'는 인사를 많이 받게 된다. 누군가를 도와주는 글이기 때문이다. 그런 글을 꾸준히 발행하다 보면 사람들이 당신을 신뢰하고 좋아하게 된다. 이 정도가 되면 책을 쓰는 것도 가능해진다. 블로그와 달리 책은 '내용이 일목요연하게 정리되어 있다'는 장점이 있다. 그렇기 때문에 블로그에서 다양한 글을 봤음에도 불구하고 내가 좋아하는 블로거가 책을 낸다고 하면 기쁘게 구매하게 된다.

단, 브랜딩이 제대로 되어 있지 않고 방문자 수만 많은 블로거라면 책을 출간하더라도 판매량이 생각보다 저조할 수 있다. 상위 노출은 잘되어 많은 사람들이 방문하지만, 대부분 정보만 보고 바로 나가버리기 때문이다. 그러므로 언젠가 내 책을 내고 싶다면 꼭 브랜딩에 신경을 써야 한다.

예전에는 출판사와 계약을 맺고 책을 내는 경로가 아니면 출간하기가 힘들었으나, 요즘에는 다양한 방식으로 책을 낼 수 있다. 의지만 있다면 가능한 것이 바로 PDF 전자책 출판과 독립 출판이다. 특히 PDF(전자책)는 돈을 전혀 들이지 않고 제작할 수 있기 때문에 누구나 도전해볼 만하다.

전자책 출간하기

대치동과 목동에서 초등생 수학 과외를 하는 '옥선생'은 블로그를 운영한 지 5개월쯤 되었을 때 PDF 전자책을 론칭했다. 처음엔 별생각 없이 블로그에 자신이 아는 정보를 올리기 시작했는데 방문자 수가 늘고, 댓글이 하나둘 달리기 시작했다고 한다. 엄마들이 궁금한 내용을 질문하기 시작한 것이다. 이 질문에 답하기 위해 가볍게 컨설팅 프로그램을 오픈했다. 블로그에서 다루지 않은 자세한 정보가 궁금한 엄마들은 컨설팅에 기꺼이 돈을 지불했다. 자신에겐 너무나도 기본적인 정보를 돈을 지불하면서까지 알고 싶어 하는 엄마들이 이렇게나 많다니. 이 사실을 깨달은 옥선생은 전자책을 쓰기로 마음먹었다.

PDF의 장점은 분량도, 금액도 자유롭게 정할 수 있다는 것이다. 종이책을 만들려면 최소한 A4 70~80장 분량의 글을 써야 하지만, 전자책은 20~30장 만으로도 판매가 가능하다. 주제가 분명하고, 사람들이 돈을 지불할 가치를 느낄 정도의 정보가 담겨 있으면 된다. 옥선생도 짧은 분량의 책부터 꽤 두툼한 분량의 책까지 다양하게 제작했으며, 금액도 9,900원에서 5만 원까지 다양하게 책정했다. 판매는 블로그에서, 결제는 스마트스토어를 이용한다. 스마트스토어는 결제 수수료가 약 2%밖에 되지 않기 때문에 판매액이 고스란히 나의 매출이 된다.

매일 과외하고 컨설팅 다니느라 쉴 새 없이 일만 하던 옥선생은 전자책 판매를 시작한 이후, 여유로운 시간을 누리게 되었다. 매일매일 전자책을 구매하는 사람들이 있기 때문이다. 전자책 판매를 개시한 첫 달, 단 한 권의 책으로 수백만 원의 매출을 달성했다. 이후 온라인 강의도 자체적으로 만들어 론칭했다. 이처럼 탄탄한 블로그가 있다면 전자책뿐만 아니라 VOD까지 직접 만들어 안정적인 수익을 벌어들일 수 있다.

전문 분야가 명확하고 그 내용을 사람들이 기꺼이 돈 내고 볼 정도라고 느낀다면 전자책을 만들어 판매할 수 있다. 물론 어디서나 쉽게 얻을 수 있는 정보라면 사람들이 쉽게 지갑을 열지는 않을 것이다. 그렇기 때문에 단순한 정보보다는 나의 경험을 토대로 얻은 노하우가 포함된 이야기가 더 유리하다. 업계 사람이라면 당연히 아는 내용이지만 일반 사람들은 잘 모르는 정보도 괜찮다.

PDF 전자책 개념을 처음 접한 사람이라면 생소할 수 있다. 원래 전자책은 출간된 종이책을 E-book 형태로 만든 것을 지칭했기 때문이다. 하지만 요즘엔 PDF로 만든 전자책을 하나의 유료 콘텐츠 형태로 받아들이고 구매하는 사람의 수가 급격히 늘어나고 있다. 종이책보다 분량이 적고, 제작비가 전혀 들어가지 않음에도 불구하고 3만~5만 원 이상으로 가격을 책정하여 판매하기도 한다. 이게 어떻게 가능한 걸까?

이 현상을 이해하려면 출판사를 통해 판매되는 종이책이 가진 한계를 살펴봐야 한다. 일단 출판사를 통해 책을 출간하게 되면 최소 1,000부 이상을 발행해야 한다. 이 말은 최소 1,000권 이상 판매할 수 있을 만한 주제, 저자여야 책을 계약할 수 있다는 의미이기도 하다. 문제는 우리나라 독서 인구가 나날이 줄어들고 있으며, 저자의 인지도가 낮고 마케팅을 잘하지 못하면 1,000권을 팔기란 매우 어렵다는 점이다. 또, 일반적으로 출판사는 '보다 대중적인 주제'로 책을 내는 것을 선호한다. 타깃이 너무 좁은 주제로 책을 내면 판매량이 좋지 않기 때문이다. 같은 이유로 나도 퍼스널 브랜딩 책 출간 계약이 여러 차례 엎어진 경험이 있다. 지금이야 퍼스널 브랜딩 시대가 되었지만, 2015년 당시에는 이 개념이 너무 생소하다는 이유로 책을 낼 수 없었다.

출판사와의 이해관계가 맞지 않는 경우도 있었다. 3년 전에 한 출판사가 책을 계약하자며 찾아왔다. 주제는 퍼스널 브랜딩이었다. 나는 퍼스널 브랜딩의 개념부터 프로세스까지 차근차근 안내해주는 책을 쓰고 싶다 말했지만, 출판사는 그런 주제로는 책이 잘 팔리지 않을 것이란 이유로 퍼스널 브랜딩과 돈 버는 법을 연결해서 책을 써야 한다고 했다. 결국 그 계약은 성사되지 않았다.

물론 어떤 책이든 돈 벌기와 연관을 지으면 더 많이 팔리는 것이 사실이다. 그런 이유로 나도 《SNS로 돈 벌기》라는 책을 내기도 했다. 하지만 나는 보다 본질적인 이야기를 하고 싶었다. 그래서 '퍼스널 브랜딩을 위한 콘텐츠 만들기'를 주제로 PDF 전자책을 만들었다. 지금까지도 스마트스토어에서 꾸준히 판매되고 있는 《콘텐츠 플래닝 가이드》가 바로 그것이다. 처음에는 와디즈라는 크라우드펀딩 플랫폼에서 론칭했고 670만 원의 매출을 달성했다. 블로그, 인스타그램, 유튜브에서 내가 만든 콘텐츠를 꾸준히 봐온 사람들이 나를 신뢰하기에 기꺼이 돈을 지불한 것이다. 분량은 A4 기준 약 50페이지, 금액은 3만 원으로 정했다. 종이책이라면 상상도 못 할 분량과 금액이지만 PDF 시장에서는 용납이 된다.

이처럼 범대중적이지 않더라도 내 이야기에 귀 기울여줄 독자가 분명하다면 PDF 전자책을 만들어 판매할 수 있다. PDF 전자책은 제작 후 블로그와 스마트스토어, 크몽 같은 플랫폼을 통해 판매해도 좋고, 크라우드펀딩 사이트인 '와디즈'나 '텀블벅'에서 론칭하는 것도 좋은 방법이다.

PDF 전자책이 생소하다면 크몽, 와디즈, 텀블벅에 들어가서 사람들이 판매하고 있는 PDF 전자책의 종류를 살펴보도록 하자. 생각보다 다양한 주제로 판매되고 있으며, PDF로 1억 이상의 매출을 달성한 경우도 있으니 잘 살펴보다 보면 분명히 나에게 맞는 아이디어가 떠오를 것이다.

PDF 전자책의 장점

▶ 제작비가 들어가지 않는다

다만 전자책 표지 디자인이나 교정, 교열 등을 위해 소액의 비용이 들기도 한다.

* 크몽이라는 플랫폼에서 검색하면 저렴하게 전문가들에게 의뢰할 수 있다.

▶ 재고관리가 필요 없다

파일로만 존재하기 때문에 공간을 차지하지 않는다. PDF 파일을 이메일로 보내주기만 하면 된다.

▶ 내용 업데이트가 가능하다

종이책은 한번 만들고 나면 내용을 수정하기가 쉽지 않다. 하지만 PDF 전자책은 언제든 내용을 수정하거나 추가할 수 있다. 이런 이유로 PDF 파일이 아닌 '구글 문서'로 작성한 후 URL 주소를 넘겨주는 방식으로 판매하기도 한다. 구매자는 실시간으로 업데이트되는 내용을 지속적으로 확인할 수 있다.

* PDF 파일로 만들었다면 내용 업데이트를 약속하고 이메일을 통해 주기적으로 업데이트된 파일을 구매자에게 제공하면 된다.

▶ 내용에 제약이 없다

종이책을 쓸 때는 다양한 이유로 내용에 제약이 생긴다. 특히 온라인 마케팅 영역은 일명 꼼수라고 불리는 방법이나, 공신력은 없지만 암암리에 통용되는 내용이 많다. 많은 사람이 이런 실질적인 내용을 궁금해하며 온라인 마케팅 책을 구매하지만, 초보자를 위한 기초 내용만 보게 된다. 대중서가 가진 한계다. 하지만 PDF 전자책에는 이런 내용을 속 시원하게 담을 수 있다. 그래서 실질적인 정보, 트렌디한 내용을 다루는 사람이라면 PDF 전자책이 훨씬 매력적인 방식이 될 수 있다.

독립 출판물 만들기

독립 출판은 출판 기획부터 집필, 편집, 제본까지 스스로 진행하는 작업을 의미한다. PDF보다 제작 난이도가 높지만, 눈에 보이고 손에 잡히는 물성이 있기 때문에 정말 '작가'가 된 느낌을 받을 수 있다. 꿀팁이나 노하우, 업계 정보를 다루는 책이라면 PDF 전자책으로도 충분하지만, 내 경험담을 에세이 형태로 풀어내고 싶다면 PDF 전자책보다는 독립 출판 형태가 더 적합하다. 많은 사람이 독립 출판물을 통해 작가로 데뷔하고 이후 출판사와 계약하여 꾸준히 자신의 글을 책으로 만들어내고 있다. 독립 출판물 자체로도 수익을 낼 수 있지만, 작가로서 커리어를 만들어나가는 시작점이 된다는 점에서 더 의미가 있다. 만약 나만의 이야기로 책을 내고 싶은 꿈이 있다면, 출판사가 찾아오기를 기다리지 말고 적극적으로 먼저 책을 만들어 보는 것은 어떨까.

나는 《뭐해먹고살지? 문답집》이라는 독립 출판물을 만들어 판매하고 있다. 시작은 미약했다. 5년가량 오프라인에서 퍼스널 브랜딩 수업을 했다. 6주간 6명의 사람들에게 다양한 질문을 하면서 자기 탐색을 돕고 스스로를 브랜딩할 수 있도록 하는 수업이었다. 일방적으로 지식을 전달하는 게 아니라, 내가 질문하면 사람들이 답을 하는 방식이었기 때문에 자연스럽게 워크북을 만들게 되었다. 수년간 교육을 거듭하면서 워크북과 질문을 정교하게 다듬어갔다.

사업의 방향성을 재정비하면서 오프라인 수업을 모두 중단했다. 열심히 고민하면서 만든 워크북이 더 이상 쓰이지 않는다고 생각하니 아쉬웠다. 매번 일일이 프린트하고 파일철에 담아서 교재로 사용하곤 했는데, 이참에 소장용 책자로 만들면 어떨까 하는 생각이 들었다. 이왕 만드는 거 퍼스널 브랜딩 강연을 다니며 선물로도 주고, 내 교육을 듣고 싶어 하는 사람들에게 판매도 하면 좋겠다는 생각에 텀블벅 펀딩을 시도했다.

놀라운 일이 벌어졌다. 교재로 쓰던 내용을 조금 다듬고, 강의 내용을 듣지 않고도 각 항목을 작성할 수 있도록 안내 글을 조금 추가했을 뿐인데 약 450명이 펀딩에 참여했다. 매출은 약 850만 원. 얼떨떨했다. 300권 정도 소소하게 인쇄해서 가지고 있으려 했는데 500권가량 판매되어버린 것이다. 결국 800부를 인쇄했다. 그런데 또 놀라운 일이 펼쳐졌다. SNS에서 구매 인증샷을 본 사람들의 문의가 물밀듯이 쏟아진 것이다. 심지어 해외에서도 구매하고 싶다는 연락이 왔다. 부랴부랴 스마트스토어를 개설하고 주문을 받았다. 남아 있던 재고 300권이 빠르게 소진되어 바로 1,000부를 추가로 인쇄할 수밖에 없었다.

《뭐해먹고살지? 문답집》의 금액은 18,000원이다. 오프라인 강의 교재였던 워크북을 정리한 1권과 워크북을 스스로 채워 넣을 수 있도록 안내하는 나의 스토리북 1권, 그리고 QR 코드로 접속하면 영상으로 작성법을 안내해준다. 누군가는 얇은 책치곤 너무 비싸다고 이야기하지만, 50만 원을 받고 수업했던 내용을 셀프 워크북으로 구성한 것이니 충분히 받아야 할 금액이라고 생각한다. 문답집은 입소문을 통해 꾸준히 판매되고 있으며 초기 인쇄한 수량이 다 판매되어 개정판까지 나온 상황이다. 개정판도 텀블벅에서 1,100만 원이 넘는 금액으로 성공리에 펀딩을 끝냈다. 유행을 타는 주제가 아니기에 앞으로도 꾸준히 사랑받으리라 믿는다.

책을 두 권이나 낸 저자가 날 보고 이렇게 말한 적이 있다. 《뭐해먹고살지? 문답집》 같은 독립 출판물 한 권을 내는 게 출판사에서 출간하는 것보다 훨씬 나은 것 같다고, 순수익으로 따지자면 훨씬 더 남는 장사 아니냐고 말이다. 맞다. 문답집의 원가는 5,000원 미만이다. 택배비, 포장비 등이 추가로 들긴 하지만 일반 책의 인세가 10% 이하인 점을 생각하면 책 한 권당 1만 원 이상 남는 독립 출판물이 수익 면에선 훨씬 이득이다. 하지만 이 독립 출판물은 나에게 훨씬 더 큰 의미가 있다. 내가 하고 싶은 이야기와 정말 중요하게 생각하는 콘텐츠를 내 마음대로 책으로 만들었고, 블로그와 온라인 채널을 통해 독자들에게 직접 판매하는 소중한 경험을 하게 해주었기 때문이다.

독립 출판을 하려면 책을 제작하는 방법부터 익혀야 한다. 디자이너가 아니라면 당연히 어려울 수 있으나, 욕심이 있다면 유튜브나 관련된 강의를 찾아보며 도움을 받을 수 있다. 여러 사람이 함께 독립 출판물을 만들어보는 소규모 워크숍을 운영하는 동네 서점들도 있으니 관심이 있다면 잘 찾아보자. 보통 인디자인이라는 프로그램을 통해 원고를 책으로 만들고, 인쇄소에 의뢰하여 제본을 한다. 사실 디자인과 인쇄가 마냥 쉬운 것은 아니기 때문에 어느 정도 각오는 해야 할지 모른다. 하지만 독립 출판을 통해 작가로 거듭날 수 있고, 그 과정에서 얻는 보람과 즐거움도 분명히 있기 때문에 조금이라도 관심이 있으면 관련 내용을 꼭 찾아보기를 권한다.

독립 출판 시장이 커지면서 인쇄와 유통을 쉽게 해결해주는 플랫폼도 생겨났다. 처음부터 끝까지 모든 것을 직접 다 하기가 두렵다면 POD 서비스 이용을 추천한다. POD는 Publish On Demand의 약자로, 주문이 들어오면 인쇄하는 맞춤형 소량 출판 방식을 뜻한다. 편집과 디자인 또한 여러 플랫폼에서 템플릿을 제공하기 때문에 원고만 있다면 무료로 책을 제작할 수 있고, 온라인 서점에서 주문도 가능하다. 대표적인 플랫폼으로 부크크(bookk.co.kr)와 교보문고의 퍼플 서비스가 있다. POD 서비스를 이용하면 온라인 서점에 내 책이 올라가기 때문에 엄연한 저자 타이틀을 획득할 수도 있다.

독립 출판물과 PDF 전자책을 제작하고 판매한 경험은 나에게 큰 의미가 있다. 강의와 컨설팅은 내가 시간을 써야 돈을 벌 수 있는 일이지만, 독립 출판물과 PDF 전자책은 내가 자는 동안에도 매출이 발생할 수 있다. 실체가 있는 하나의 제품이기 때문에 친구나 지인에게 선물도 가능하다. 나의 잠재 고객을 보다 더 쉽게, 더 넓게 확보할 수 있게 되었다는 의미다. 강의와 컨설팅에만 집중하던 시절엔 월 매출 1,000만 원을 만들려면 밤낮없이 일해야 했는데, 독립 출판물과 PDF 전자책을 판매하면서 보다 여유롭게 큰 매출을 달성할 수 있었다.

지금도 PDF 전자책 형태로 새로운 툴킷 론칭을 준비하고 있다. 에세이 형태의 독립 출판물도 내보려고 계획을 세워뒀다. 오래전에 블로그에 써둔 일기 형태의 글을 조금 다듬어서 에세이로 내면 좋겠다는 생각이 들었기 때문이다. 블로그를 꾸준히 운영해온 사람이라면 이미 글감이 풍부하고, 글쓰기 훈련도 되어 있기 때문에 충분히 독립 출판물이나 PDF 전자책으로 확장해서 상품을 만들고 판매할 수 있다.

출판사와 계약 후 기획 출판 하기

아무리 PDF 전자책과 독립 출판물 시장이 커졌다고는 해도 출판사와 정식 계약을 통해 제작된 기획 출판의 입지를 따라갈 순 없다. 한 분야의 전문가로 인정받을 수 있는 가장 확실하고도 강력한 방법이기 때문이다. 내 분야에 대한 책이 한 권 나오면 강연을 할 기회도 생긴다. 칼럼을 쓰게 될 수도 있다. 더 많은 팬이 생기기도 한다. 그런 이유로 수많은 사람이 작가를 선망한다.

블로그를 운영하면 작가의 길에 조금 더 가까워질 수 있다. 일단 글쓰기 훈련이 잘되어 있기 때문에 원고를 작성할 때도 분명 도움이 된다. 그보다 더 실질적인 이유는 블로그 채널이 있으면 추후 책 홍보나 마케팅에 활용할 수 있기 때문에 출판사에서도 긍정적으로 바라볼 확률이 높다는 것이다. 운이 좋다면, 혹은 기회가 닿는다면 출간 제안을 받게 될지도 모른다. 나도 블로그를 운영한 지 2~3년가량 되었을 때 출판사에서 책을 내자는 제안을 받았다. 블로그에 쓴 글을 보고 연락을 주신 것이라고 했다. 이후에도 몇 번에 걸쳐 출간 제안을 받았는데, 내 블로그의 글을 보고 먼저 연락을 해 오시는 경우가 대부분이었다.

한 주제로 꾸준히 양질의 포스팅을 하면 출판사의 눈에 띌 수 있다. 하지만 마냥 기다리기 답답하다면 적극적으로 출판사의 문을 두드려보는 것도 좋다. 컨설팅을 받으러 오신 분 중에 책 출간이 적합하다고 생각되는 분이 있으면 출판사에 직접 투고해보시라 권하기도 한다. 이 중 상당수가 출판사와 계약을 성사했으니 마냥 확률이 적은 방법도 아니다.

그렇다면 어떻게 출판사에 직접 투고할 수 있을까? 생각보다 어렵지 않다. '출간기획서'를 작성하여 출판사 이메일로 전송하면 된다. 물론 출간기획서를 잘 작성하는 것이 가장 중요한데, 내용 중 '내가 ○○라는 주제로 블로그를 운영하고 있고, 하루 방문자 수가 1,000명이 넘으며, 소통하는 이웃이 500명이 넘는다'라는 말이 포함되어 있다면 분명 플러스 요소가 될 것이다. 이미 잠재 독자를 가지고 있는 사람이며 출간 직후 자신의 채널로 마케팅 활동을 펼칠 수 있기 때문이다.

출간기획서는 아래 내용을 포함하여 작성한다.

❶ 책의 핵심 콘셉트

블로그에 쓴 글을 다시 엮기만 하면 책이 될까? 아니다. 특정 주제와 콘셉트를 잡고, 해당되는 내용만 엮는다면 초고로 사용할 수는 있다. 책을 쓰고 싶은 사람이라면 책을 통해서 어떤 이야기를 던지고 싶은지, 사람들이 어떤 이야기를 듣고 싶어 할지를 고려하여 콘셉트를 정해야 한다. 가령, 똑같은 SNS 마케팅 책을 쓴다고 해도 '돈 버는 방법'에 집중할지 '기업 마케팅'에 집중할지에 따라 전혀 다른 책이 될 것이다. 주제가 아니라 콘셉트가 무엇인지 꼭 생각해보고 작성하자. 104쪽에서 다룬 '콘텐츠 스테이트먼트'가 도움이 될 수 있다.

❷ 출간 이유

이 책이 세상에 나와야 하는 이유를 설명해야 한다. 돈을 벌고 싶다거나 유명해지고 싶다는 사적인 이유 말고, 이 책이 독자들에게 어떤 의미가 있는지 적어야 한다. 이 항목을 쓰려면 시장에 대한 이해도 필수다. 독자들이 어떤 이야기, 어떤 정보를 필요로 하는지 알고 있다면 쉽게 설명할 수 있기 때문이다. 이 파트에서 출판사와 편집자를 납득시킬 수 있어야 한다. 그래야 독자도 설득될 것이기 때문이다.

❸ 대상 독자

책은 독자를 고려하며 써야 한다. 블로그 공간을 벗어나 책을 쓴다고 가정했을 때, 누가 이 책을 읽으면 좋을까? 사실 이 질문에 대한 답은 '콘셉트와 출간 이유'를 작성할 때부터 정리되어 있어야 한다. 타깃을 고려하지 않고 콘셉트를 정리할 수는 없기 때문이다. '메인 타깃'과 '서브 타깃'으로 나누어 적는 것도 좋은 방법이다. 이 책을 통해 도움을 받고 감동할 만한 사람을 떠올려보고, 그 사람을 묘사해서 적으면 된다.

❹ 목차와 구성

타깃을 설정하고 콘셉트도 정했다면 그 내용을 어떻게 전개할지 정리해야 한다. 출판사는 목차를 보고 이 저자가 어떤 이야기를 하고 싶어 하는지 이해하게 된다. 그러므로 목차는 최대한 자세하게 정리하는 게 좋다. 크게 대주제를 먼저 정리하고, 그 아래 소주제를 달아보면 좀 더 쉽게 목차를 구성할 수 있다. 목차 쓰기가 어렵다면 내가 쓰고자 하는 주제를 다룬 책의 목차를 살펴보는 것도 도움이 된다. 당연히 그대로 베끼면 안 된다. 구성에 대해 이해하는 데 도움을 받으라는 뜻이다.

❺ 유사 도서 분석

내가 쓰려고 하는 책이 이미 시장에 나와 있는 어떤 책과 유사한지, 경쟁 도서가 될 수 있는 책을 정리해보자. 책 제목, 출판사, 가격, 특징 등을 정확하게 같이 적어야 한다. 출판사에서 내가 쓰고자 하는 책을 이해하는 데 도움이 되기 때문이다. 또한 이 과정을 거치며 주제가 가진 시장성, 독자층에 대해서도 빠르게 파악할 수 있다.

❻ 마케팅 계획

요즘은 저자가 직접 발로 뛰는 게 중요하다. 책은 출판사가 아닌 저자를 보고 구입하는 상품이기 때문이다. 그렇기 때문에 저자가 마케팅 계획을 구체적으로 제시하면 계약 가능성이 훨씬 더 커진다. 이때 블로그 채널뿐만 아니라 가지고 있는 모든 SNS 채널을 적극 어필하는 것이 유리하다. 아직 채널 규모가 크지 않더라도 적극적으로 키워나가겠다고 어필해보자.

출간 계약 직전까지 갔는데 SNS가 없다는 이유로 계약에 실패했다며 화를 내는 분을 만난 적이 있다. 억울하겠지만 현실이다. 출판사는 책의 시장성과 가능성을 보고 투자하는 투자자의 입장이기도 하다. 나의 콘텐츠에 투자해줄 투자자에게 마케팅 계획을 설명하는 것은 당연한 일 아닐까?

❼ 저자 소개

마지막으로 이름, 나이, 연락처, 하는 일, 주요 경력 등을 작성한다. 특히 쓰려고 하는 책과 연관된 경력은 자세히 기술해야 한다. 운영하는 온라인 채널도 주소만 남기기보다 어떤 주제로 운영하고 있는지, 어떤 성과를 냈는지 등을 같이 정리해주는 게 좋다.

출간기획서를 작성했다면 투고할 출판사의 이메일을 찾아야 한다. 아무 출판사나 무작위로 찾기보다는 내가 내고 싶은 주제의 책을 이미 여러 권 출간한 출판사를 리스트업해보는 것을 추천한다. 출판사마다 주력 분야와 관심 주제가 있기 때문에 계약 가능성을 높일 수 있다. 온라인 서점에서 관련 도서를 검색하여 출판사 이름을 찾아보고 인터넷에 검색하면 투고용 이메일 주소를 확인할 수 있다. 혹은 출간된 책의 판권면이나 책날개에 투고용 이메일 주소가 나와 있는 경우가 많으니 꼼꼼하게 살펴보자.

이메일을 보낼 때 여러 출판사에 단체 메일로 복사+붙여넣기 하는 실수는 하지 않길 바란다. 투고란 내 기획을 아무렇게나 뿌리는 게 아니라, 각 출판사에 '제안'하는 것이다. 당연히 정성을 담아 이메일을 작성해야 한다. 왜 이 출판사에서 책을 내고 싶은지 적극적으로 어필하면 조금이라도 확률을 높일 수 있지 않을까?

투고 메일을 보냈다면 이제 할 일은 끝났다. 기다릴 일만 남았다. 담당자가 메일과 출간기획서를 확인하고 검토까지 한 뒤에 답이 오기 때문에 시간이 제법 필요하다. 한 군데라도 내 글에 관심을 보이는 곳이 있다면 일단 미팅을 잡아보자. 물론 답장이 단 하나도 오지 않거나 출간하기 힘들다는 메일이 올 수도 있다. 상심하지 말고 다시 출간기획서를 정리해 투고해보도록 하자. 포기하지 않는다면 분명히 기회가 찾아올 것이다.

출판사를 통해 책을 출간할 경우, 인세는 보통 책 정가의 6~10% 정도다. 책 정가가 15,000원이라면 작가에게는 1,500원 이하가 돌아오는 셈이다. 생각보다 적은 금액에 놀란 사람도 있을 것이다. 하지만 기획 출판은 돈이라는 1차원적인 결과물뿐만 아니라 신뢰와 영향력, 새로운 기회라는 값진 선물을 안겨준다. 그러니 책 출간을 계기로 더 많은 기회를 잡으려고 노력해보자.

✳ 강연으로 이어지는 글쓰기

강사를 꿈꾸는 사람이 많다. 블로그는 특히 강사가 되고 싶은 사람들에게 필수인 채널이다. 그렇기 때문에 유튜브나 인스타그램에서 팔로워가 많은 사람이라도 기업 강연을 나가고 싶다면 블로그를 함께 운영하라고 조언하고 있다. 기업의 교육 담당자들이 네이버 검색을 통해 강사를 찾는 경우가 많기 때문이다.

블로그를 통해 강의를 의뢰받고 싶다면 어떤 글을 써야 할까? 한 기업의 교육 담당자가 시간 관리 교육을 기획하고 있다고 생각해보자. 그들은 네이버에서 어떤 단어를 검색할까? 아마 '시간 관리 강의' 혹은 '시간 관리 강사'를 검색할 것이다. SNS 마케팅 강의를 계획하고 있다면 'SNS 마케팅 강사' 혹은 '블로그 마케팅 교육'을 검색할 것이다. 이처럼 그들이 검색할 만한 키워드가 무엇인지 생각하고, 관련된 글을 미리 작성해두어야 한다. 이런 키워드는 검색량이 많지 않더라도 꼭 필요한 소수가 검색하는 단어이기 때문에 다양한 키워드로 글을 적어두면 도움이 된다.

강의를 한 번이라도 진행한 경험이 있다면 해당 키워드를 제목에 포함해서 강의 셀프 후기를 꼭 작성하는 게 좋다. 기업이나 기관에 강의를 나가면 현장 사진이나 참여자들의 후기를 받기가 쉽지 않다. 이럴 때는 강의장이나 강의 화면, 해당 기업 전경 등의 사진을 몇 장 찍어 와서 스스로 셀프 후기를 작성하는 것으로 대체 가능하다.

문제는 강의 경험이 없는 강사 지망생은 관련 글을 쓰기가 힘들다는 점이다. 강의를 해야 후기를 작성할 수 있을 테니 말이다. 이럴 경우 '퍼스널 브랜딩 전문 강사 김인숙입니다'와 같이 분야와 이름, '강사'라는 단어를 포함하여 제목을 붙이고 내 소개 글을 작성해보자. 강의 이력을 나열하는 프로필 형태가 아니어도 상관없다. 이 주제로 강의를 할 수 있는 사람이라는 걸 증명할 만한 내용이 담겨 있으면 된다. 예를 들어, 블로그 마케팅 강사라면 블로그를 몇 년 운영했고, 평균 방문자 수는 어느 정도이며, 기업 블로그 대행 이력 등을 같이 적어주면 된다.

15년의 마케팅 경력을 가진 마케팅 전문가 위드선율 님의 블로그는 일 방문자 수가 200~300명 정도밖에 되지 않지만, 블로그를 통해 꾸준히 강의 섭외가 들어오고 있다. 그녀의 블로그는 마케팅 전문가로서의 인사이트와 강의 후기로 가득 차 있기 때문에 블로그에 방문한 교육 담당자가 신뢰를 느끼고 바로 섭외할 수밖에 없다. 강연이나 강의 의뢰를 받고 싶다면 블로그 프로필이나 상단에 연락 가능한 이메일 주소를 꼭 기재해두자. 그래야 담당자들이 쉽게 섭외 연락을 할 수 있기 때문이다.

섭외가 들어올 때까지 마냥 기다리기 힘들다면 적극적으로 기회를 만들어볼 수 있다. 나는 블로그에 퍼스널 브랜딩 칼럼을 시리즈로 연재한 후 '퍼스널 브랜딩 전략 특강'을 스스로 오픈했다. 외부 강의 경험도, 대단한 이력도 없었지만 블로그에 쓴 글을 지켜보던 이웃과 독서 모임 멤버들이 기꺼이 강의를 신청해주었다. 나의 첫 강의는 3시간에 2만 원, 인원은 총 6명이 모였다. 3시간에 12만 원, 시간당 4만 원 정도의 수익이었다. 자칫 적어 보일 수 있으나 기관에 나가서 강의를 하는 초보 강사도 시간당 2만~4만 원씩 받는 경우가 있으니 나쁘진 않은 금액이었다. 무엇보다 스스로 사람을 모아서 주체적으로 돈을 벌 수 있는 가능성을 확인한 것이 가장 큰 수확이었다.

나를 응원하고 지지해주는 분들이 와주신 만큼 후기도 정성스럽게 써주시고, 사진도 찍어주셨다. 첫 강의의 현장 사진과 리뷰, 수강생분들의 응원을 통해 자신감을 얻었다. 이 값진 결과들을 기반으로 매달 한 번씩 같은 주제로 특강을 하기 시작했다. 꾸준히 관련 글을 쓰고, 강의를 할 때마다 셀프 후기 글도 작성했다. 수강생분들께 후기를 부탁하기도 했다. 이 과정이 반복되자, 매달 강연으로 10~15명의 수강생분들을 꾸준히 만날 수 있었다.

요즘에는 온라인으로 실시간 강의를 하는 것도 가능해져서 누구나 쉽게 강의를 오픈할 수 있다. 장소를 섭외하고 안내하는 등의 절차가 생략되기 때문에 훨씬 시도하기가 쉽다. 온라인으로 무료 강의를 한번 열어보자. 블로그를 꾸준히 운영하며 사람들에게 유용한 정보를 제공해왔다면 분명히 수십 명의 사람들이 참여할 것이다. 강의가 끝나면 적극적으로 후기를 요청하자. 후기 글을 블로그에 포스팅할 경우 추가로 혜택을 제공한다고 홍보하는 것도 좋은 방법이다. 잘 정리된 강연 자료를 PDF 파일로 공유해준다거나, 만들어둔 PDF 전자책 파일 등을 제공할 수 있다. 무료 강의이기 때문에 당장 수익이 나지는 않겠지만, 다음 스텝으로 넘어갈 수 있는 수많은 자산을 얻을 수 있다.

강의 이야기를 꺼낸 김에 강사로 활동하기 위해 꼭 필요한 서류도 짚고 넘어가자. 보통 담당자가 강연을 의뢰할 때 '강사 프로필'이나 '이력서'를 요구한다. 강의 주제에 따라 '제안서'를 요청할 수도 있으니 당황하지 말고 미리 생각해두자. 강사 프로필은 범용으로 다양하게 사용할 수 있는 형태로, PPT와 워드 중 편한 방식으로 정리해두면 된다. 나는 PPT가 더 편하여 PPT로 강사 프로필을 제작한 다음 PDF로 변환하여 보내드리고 있다.

이력서는 주로 관공서나 기관에서 요청한다. 이때, 기관별로 강사 이력서 양식이 따로 있는 경우도 있으니 양식을 요청해보는 것도 방법이다. 하지만 별도의 양식이 없다면 한글이나 워드 파일을 활용하여 아래 내용을 정리해서 보내면 된다.

> **강사 프로필 및 이력서에 꼭 포함되어야 하는 내용**
> - 이름
> - 프로필 사진
> - 소속
>   * 프리랜서라도 나만의 브랜드명을 만들어서 '○○ 대표'라고 쓰는 것이 좋다.
> - 학력 및 경력
> - 관련 경험 (강연 이력)
>
> **추가하면 더 좋은 내용**
> - 취득 자격증
> - SNS 주소 및 팔로워 수

강의 제안서는 꼭 포함해야 할 내용이 많은 편이라 주로 PPT로 정리한다. 관련 기업이나 기관에 먼저 제안서를 보내보는 것도 좋다. 사기업은 문턱이 높으니 일단 지자체나 기관, 도서관, 문화센터 등을 공략해보자. 내가 강의하고 싶은 주제로 강의를 주최하는 곳들을 검색해보고 담당자에게 제안서를 보내볼 수 있다. 물론 제안서를 보낸다고 해서 다 강의로 이어지지는 않지만, 이런 적극적인 노력으로 기회를 만들 수 있으니 밑져야 본전이라 생각하고 달려들어보자. 처음에는 채울 내용이 없어 막막하겠지만, 시간이 지나면서 빈칸이 차곡차곡 채워지는 기쁨을 누릴 수 있을 것이다. 꼭 그렇게 되길 바란다.

강의 제안서에 포함되어야 하는 내용

▸ **프로필 및 사진 (1page)**
강사 프로필이나 이력서의 내용을 간략하게 한 페이지로 정리한다.

▸ **강의 주제**
요청받은 주제가 명확하다면 해당 주제에 대한 설명을 자세히 적는다. 추가로 진행 가능한 강의 주제를 함께 넣어주는 것도 좋다.

▸ **대상 및 기대 효과**
이 교육이 수강생들에게 어떤 도움이 되는지 적는다.

▸ **커리큘럼**
추후에 각 강의에 맞춰 다시 수정하겠지만, 우선 일반적인 커리큘럼을 정리해서 보내는 게 좋다. 내 강의 내용을 이해하는 데 도움이 되기 때문이다.

▸ **추가 자료**
강연 이력, 저서 등 신뢰할 수 있는 추가 자료가 있다면 첨부한다.

▸ **견적**
기관은 정해진 예산이 있는 경우가 대다수이므로 먼저 예산을 물어보면 된다. 강사의 경력, 학력, 출간 여부를 바탕으로 강의료가 책정되어 있다. 기업은 상호 협의가 가능하므로 원하는 금액을 요청한 뒤 협의하면 된다. 강의료는 시간당 적게는 5만 원에서 100만 원 이상도 가능하니 커리어를 쌓으며 금액을 차차 늘려가는 걸 목표로 삼자.

*네이버 인물정보 등록하기

　네이버에 이름을 검색하면 인물정보가 일목요연하게 정리되어 나오는 것, 연예인 같은 유명인만 가능할까? 아니다. 과거에는 인물 등재 조건이 까다로웠으나, 이제는 누구나 쉽게 자신의 정보를 등록할 수 있다. 누구나 온라인에서 콘텐츠를 만들고 영향력을 가질 수 있는 시대이기 때문이다. 블로그나 유튜브 같은 온라인 채널을 활발히 운영하고 있지 않더라도 나의 경력과 직업 등을 입력하면 심사 후 검색에 노출될 수 있으니 한번 시도해보자.

　네이버 검색창에 '인물검색 등록'을 검색하면 '네이버 인물정보 본인 참여' 사이트 링크가 나온다. 사이트에서 본인 인증을 진행한 후, 인물정보에 함께 노출되기 원하는 항목을 직접 입력하면 된다. 요즘에는 본명이 아닌 활동명을 사용하는 사람들도 많기 때문에 블로그 닉네임이나 필명을 먼저 입력하고 내 실명을 기입해도 된다. 운영하고 있는 채널 주소를 적어두면 블로그 및 유튜브에 신규 콘텐츠를 발행할 때마다 자동으로 연동되어 노출된다. 중요한 것은 '직업' 부분이다. 내 직업을 명시해야 하는데, 다양한 직업 등재 기준을 안내하고 있으니 살펴보고 나에게 적합한 것을 선택하면 된다.

　나도 이 글을 쓰면서 미뤄두었던 네이버 인물정보를 등록했다. '김인숙'이라는 이름의 동명이인이 워낙 많아서 검색하면 여러 명이 동시에 노출된다. 이 중, 사람들이 나를 쉽게 알아보려면 어떤 직업으로 등록하는 게 좋을지 고민했다. 사업가, 작가, 강사도 나의 직업이지만 소설가, 작가,

대학교수, 기업인으로 활동 중인 동명이인의 김인숙 님들과 확연히 구분되면서 나의 정체성을 잘 드러낼 수 있는 '컨설턴트'를 선택했다. 네이버 인물정보에는 최대 두 가지 직업을 명시할 수 있다. 두 번째 직업란에는 '온라인 콘텐츠 창작자'를 넣었다. 내 커리어의 시작도 온라인 콘텐츠였고, 지난 10년간 쉬지 않고 해온 일도 결국 콘텐츠를 만드는 일이었기 때문이다.

프로필 사진도 여러 장 등록할 수 있다. 이왕이면 나의 이미지가 잘 드러나는 프로필 사진을 촬영하여 넣어보자. 누군가가 내 이름을 검색했을 때, 사진의 이미지를 보고 나를 인지하거나 신뢰할 수 있으면 좋다.

참고로 나처럼 동명이인이 많을 경우 가장 대표성이 큰 인물이 상단에 크게 노출되고, 하위에 나머지 동명이인들이 노출된다. 동명이인 중 두드러지게 유명한 사람이 없는 경우에는 한 줄 나열형으로 보여준다. 내가 '김인숙' 중 대표 인물이 되려면 많은 사람이 내 이름을 검색하고, 또 클릭해주어야 한다. 결국 인지도와 영향력이 기준이라는 뜻이다. 동명이인이 많다면 그들 중 대표 인물이 되는 것을 목표로 삼아보자. 그만큼 영향력이 있다는 증거가 될 테니 말이다. 동명이인이 없다면 노출에 더 유리할 수밖에 없는데, 실명이 아니라 활동명을 메인으로 등록하는 것도 가능하니 온라인에서 활동할 때 사용할 나만의 예명을 만드는 것도 방법이 될 수 있다.

자, 네이버 인물정보에 등록되었다면 사람들에게 이렇게 말해보자. "나 네이버에 검색하면 나오는 사람이야!"

네이버 인물정보란?

네이버 이용자들이 많이 찾거나 찾을 가능성이 높은 사람에 관하여 이름을 중심으로 직업, 경력, 학력 등의 정보를 함께 게재하는 것을 말한다.

▶ **공통 등재 기준**

• 이용자들이 다양한 영역에서 자신의 필요에 의해 많이 찾고 있거나 찾을 수 있는 사람의 인물정보를 등재한다. 다만 주된 관심사가 불법, 범죄행위 등 부정적인 이슈인 경우 등재에서 배제한다.

• 이름과 직업을 포함해 프로필 사진, 소속 및 직위, 경력, 학력, 작품, 수상 등의 항목에서 3건 이상의 세부 정보가 있을 때 등재가 가능하다.

*출처 : 네이버 인물정보 본인참여

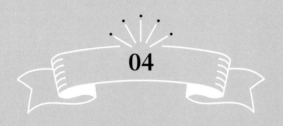

하루에 1,000명이 방문하는
글쓰기

하루에 글 하나씩, 뭐라도 올리면 블로그가 크던 시절이 있었다. 나도 그 시절에 블로그를 시작했고, 덕분에 일기만 썼는데도 일 방문자 1,000명을 거뜬히 넘길 수 있었다. 하지만 이제는 그렇지 않다. 아무거나 열심히, 매일매일 올리기만 한다고 블로그가 성장하지는 않는 시대가 되었다.

하루에 1,000명씩 방문하는 블로그를 만들고 싶다면 꼭 알아야 할 기초 지식이 있다. 바로 '검색이 되는 글쓰기 방법'이다. 유튜브와 인스타그램은 추천 알고리즘을 활용하여 사람들이 좋아할 만한 콘텐츠를 자동으로 노출해주는 구조지만, 블로그는 검색을 통해서만 내 글이 사람들에게 발견될 수 있다. 특정 키워드를 검색했을 때, 내 블로그 글이 검색 결과 첫 화면에 바로 뜬다면 사람들이 클릭할 확률이 올라간다. 하지만 네이버에는 이미 비슷한 주제의 글이 너무나도 많다. 수많은 글 중에서 내 글이 검색 결과 첫 번째 화면에 뜨게 하려면 노력이 필요하다. 이 것을 '상위 노출'이라고 부른다.

이번 장에서는 네이버가 블로그와 각각의 포스팅에 랭킹을 매기는 시스템, 즉 검색 알고리즘인 C-rank와 D.I.A.를 차근차근 설명할 것이다. 특정 스킬만 익히는게 아니라 원리를 제대로 이해해야 한다. 네이버 검색 알고리즘은 앞으로도 계속 바뀔 것이고, 우리는 변화하는 알고리즘에 대응해야 하기 때문이다.

출처의 신뢰도와 인기도 높이기 (C-rank)

네이버는 사람들이 특정 단어를 검색했을 때, 수많은 문서 중 어떤 것을 상위에 노출시킬지 1등부터 줄 세우는 기준을 미리 알고리즘으로 규정해 두었다. 기억해야 할 점은 신뢰할 수 있는 블로그의 글을 상위에 노출시켜 준다는 사실이다. 즉, 글 하나하나를 판단하기보다 '이 블로그가 신뢰할 만한가? 인기가 있는가?'를 기준으로 삼는다. 그래서 신용점수가 아예 쌓여 있지 않은 신규 블로그의 첫 번째 글은 아무리 정성 들여 쓰더라도 상위 노출될 확률이 제로에 가깝다.

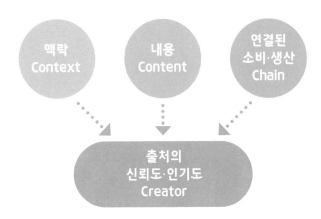

C-rank 블로그 지수는 일종의 신용점수라고 생각하면 된다. 금융거래를 할 때마다 신용점수가 쌓이듯, 블로그에 양질의 포스팅을 꾸준히 하다 보면 블로그 지수가 차곡차곡 쌓인다. 반면 결제일을 놓치거나 미납하면 신용점수가 떨어지듯, 블로그에서 선호하지 않는 방식으로 포스팅을 할 때마다 블로그 지수는 떨어진다.

글을 쓸 때마다 블로그 지수는 올라가거나 떨어지거나, 혹은 변화가 없을 수도 있다. 이것이 누적되어 현재의 블로그 지수를 결정한다. 지수가 떨어진 상태에서는 아무리 정성 들여 질 좋은 포스팅을 해도 상위에 노출되지 않는다. 지수가 지속적으로 하락하면 어느새 내 글이 검색 결과에 전혀 노출되지 않는 '저품질 블로그'가 된다. 그러므로 상위 노출을 위해서 C-rank 지수를 꼭 높여야 하며, 블로그 지수가 낮아지지 않도록 유의하며 글을 작성해야 한다.

✱ 맥락 있는 블로그 글쓰기 (Context)

한 우물 파기

블로그 지수를 높이기 위해 가장 중요한 것은 바로 한 우물을 파는 것이다. 즉, 한 가지 주제로 꾸준히 글을 써야 한다. 매일 카페 투어를 다니는 사람은 카페 전문가다. 화장품 덕후가 작성하는 화장품 리뷰는 믿을 만한 글이다. 이처럼 한 가지 주제로 양질의 포스팅을 꾸준히 한 블로그는 신뢰를 얻는 것은 물론, 블로그 지수가 차곡차곡 쌓여서 검색 최적화가 된다. 이때부터는 해당 주제의 글이 검색 결과 상위에 노출될 확률이 높아진다. 반대로, 맛집 포스팅으로 최적화가 된 블로그에 뜬금없이 자동차 리뷰를 올린다면 자동차 리뷰 콘텐츠는 상대적으로 상위에 노출되지 않는다. '맛집 전문가가 뜬금없이 자동차 리뷰라니! 이 글은 신뢰할 수 없군'이라고 판단하는 것이다.

그렇다면 주제를 영영 바꿀 수 없는 걸까? 그렇지는 않다. 많은 사람이 취미로 블로그를 운영하다가 자신만의 브랜드를 시작하면서, 혹은 부수입을 벌기 위해서 본격적으로 블로그를 운영하려 한다. 이때 아예 새 아이디를 만드는 경우가 많은데, 꼭 그럴 필요는 없다. 초반에는 새로운 주제로 쓴 글이 잘 노출되지 않지만, 꾸준히 글을 쓰다 보면 어느 순간부터 그 주제로도 검색 노출이 잘되기 때문이다. 네이버에 따르면 한 개의 블로그에 최대 2가지 주제까지 담는 것은 괜찮다고 한다.

어쨌든 블로그 방문자 수를 늘리고 싶다면 주제를 한두 가지로 좁히고 한 우물을 깊숙이 파는 것이 중요하다. 블로그 주제가 중구난방이면 네이버는 나의 글을 결코 신뢰하지 않을 것이기 때문이다.

1 Post 1 Message

블로그 주제의 일관성과 더불어 포스팅 안에서의 주제 일관성도 매우 중요하다. 즉, 하나의 글에서 하나의 주제만 다루는 것이 중요하다는 의미다. 재미있게 보고 있는 드라마의 후기가 궁금해서 검색을 한다고 가정해 보자. 드라마 후기 글의 제목을 클릭했는데 정작 드라마 이야기는 안 나오고 가족들과 저녁 식사를 한 이야기가 먼저 보이면 어떨까? 원하던 내용이 아니기 때문에 당장 다른 글을 찾아볼 것이다. 저녁 식사를 하면서 드라마를 보았다는 이야기가 담겨 있더라도 구구절절한 식사 이야기를 굳이 인내심 있게 읽어줄 독자는 없다.

블로그는 대부분 검색으로 유입된다는 사실을 명심하자. 검색하는 사람은 특정 내용이 궁금해서 찾아온 것이고, 궁금증에 대한 답을 빠르게 찾을 수 없다면 좋은 글이라고 판단하지 않는다. 즉, 제목에 '드라마 리뷰'라는 키워드가 들어갔다면 본문도 당연히 드라마 이야기부터 시작해야 한다. 가족들과 어떤 저녁 식사를 했는지, 얼마나 맛있는 음식을 먹었는지는 굳이 담을 필요가 없다. 이런 이유로 '일상을 기록하는 일기' 같은 글은 검색에 잘 노출되지 않는 편이다. 친구를 만나서 영화를 보고 카페에 갔다가 저녁 식사 한 이야기를 하나의 글에 담으면 주제의 일관성이 떨어지기 때문에 맥락에 어긋난다고 판단하기 때문이다.

그러면 블로그에 일기를 쓰면 절대 안 될까? 그런 것은 아니다. 일기를 쓴다고 블로그 지수가 떨어지지는 않는다. 만약 유튜브나 인스타그램 등의 채널을 가지고 있고, 나를 좋아해주는 팬이나 이웃이 있는 상황이라면 그들과의 소통을 위해서 일기를 쓸 수 있다. 사실 나도 일기에 가까운 블로그 글을 주로 쓴다. 일기에만 담을 수 있는 솔직한 생각과 일상을 유독 좋아해주는 분들이 많기 때문이다. 특정 주제의 글을 전문적으로 포스팅하다가 가끔 일상 글을 섞어 쓰는 것도 하나의 방법이다.

다만 불규칙한 일상 글이 대다수가 된다면 특정 주제에 집중된 블로그가 아니라고 판단되기 때문에 C-rank 지수를 쌓기 힘들다. 이렇게 되면 검색을 통해 방문하는 사람의 수를 쉽게 늘릴 수 없다. 그러니 블로그 초보자라면 일단 일상 글보다는 내가 정한 특정 주제로, 글 하나에 한 가지 내용만 충실히 담아서 포스팅하는 것을 추천한다.

✳ 양질의 포스팅은 기본 (Content)

'어떻게 해야 블로그 방문자 수가 늘어날까?' 문득 궁금해져서 네이버 검색창에 '블로그 방문자 늘리기'라고 검색을 했다. 검색 결과 첫 페이지에 '블로그 방문자 늘리기 꿀팁'이라는 제목이 보여서 클릭했다. 그런데 글을 읽어보니 블로그 방문자 늘리는 방법은 전혀 보이지 않고, 블로그를 개설하고 글 쓰는 방법만 설명하고 있다면 어떨까? '에잇, 원하는 내용이 아니잖아?'라고 생각하며 바로 뒤로가기를 누를 것이다. 제주도 여행을 가기 전, '제주도 가볼 만한 곳'이라고 검색한다. 스크롤을 내려가며 글을 두세 개 읽다 보니 내용도, 사진도 비슷한 후기들이 보인다. 직접 쓴 글이 아니라 원고를 받아서 쓴 글 같다. 그럼 역시나 빠르게 뒤로가기 버튼을 누를 것이다. 독자들은 이런 글을 신뢰하지 않는다. 그러므로 네이버도 이런 글은 상위에 노출해주지 않는다.

사실 '양질의 글'이라는 건 모호한 기준이다. 이 글이 얼마나 정성스럽게 쓰인 글인지 독자도, 네이버도 알 길이 없다. 그럼 어떻게 판단할 수 있을까? 양질의 포스팅을 판단하는 핵심 기준은 바로 '방문자가 얼마나 오랫동안 내 블로그에 머무르는가'이다. 이를 '체류시간'이라고 한다. 위 예시처럼 방문자를 만족시키지 못하는 글은 체류시간이 짧기 때문에 절대로 양질의 포스팅이 될 수 없다. 만약 C-rank 지수가 높아서 상위에 노출되었다고 해도, 체류시간이 짧은 블로그 글은 결국 저 아래로 사라지고 만다. 그러므로 블로그 방문자 수에만 집착하지 않고, 내 글을 선택해준 사람들이 끝까지 다 읽고 오래 머무를 수 있는 글을 쓰려고 노력해야 한다. 그래야 더 많은 글이 상위에 노출될 수 있다.

✳ 공유하고 싶은 글쓰기 (Chain)

나는 유용한 글과 정보를 공유하는 카카오톡 오픈채팅방을 운영하고 있다. 이곳의 사람들은 누군가에게 도움이 될 만한 포스팅을 발견하면 오픈채팅방에 링크를 공유한다. 이런 채팅방뿐만 아니라, 요즘 사람들은 도움이 되는 글을 자신의 블로그로 스크랩하거나 카카오톡 오픈채팅방, 페이스북 등 SNS에 공유하여 사람들과 나눈다. 이렇게 유입된 사람들은 블로그 글에 '좋아요'를 누르고, '유익한 내용을 써주셔서 감사하다'고 댓글을 남기기도 한다.

이런 반응은 당연히 블로그 지수에 플러스 요소로 작용한다. 그러므로 사람들이 같이 보고 싶어 할 정도로 유용한 글을 쓰거나, 이웃들과 활발히 소통하면 블로그 성장에 도움이 된다는 사실을 꼭 기억하자.

항목	설명
BLOG Collection	블로그 문서의 제목 및 본문, 이미지, 링크 등 문서를 구성하는 기본 정보를 참고해 문서의 기본 품질을 계산
네이버 DB	인물·영화 정보 등 네이버에서 보유한 콘텐츠 DB를 연동해 출처 및 문서의 신뢰도를 계산
Search LOG	네이버 검색 이용자의 검색 로그 데이터를 이용해 문서 및 문서 출처의 인기도를 계산
Chain Score	웹문서, 사이트, 뉴스 등 다른 출처에서의 관심 정도를 이용해 신뢰도와 인기도를 계산
BLOG Activity	블로그 서비스에서의 활동 지표를 참고해 얼마나 활발한 활동이 있는 블로그인지를 계산
BLOG Editor 주제 점수	딥러닝 기술을 이용해 문서의 주제를 분류하고, 그 주제에 집중하고 있는지 계산

* C-rank에 반영되는 정보 (출처 : NAVER Search&Tech 블로그, 2016. 7. 29.)

검색이 잘되는 글쓰기

✱ 경험, 리뷰, 의견을 담은 글쓰기 (D.I.A.)

C-rank 지수가 높은 블로그는 일명 '전문 분야 블로그'다. 즉 이 사람이라면 이 분야에서만큼은 양질의 포스팅을 할 것이라고 기대한다. 사실 아무리 전문 분야 블로그라고 해도 항상 양질의 글을 쓸 수는 없다. 그런데도 C-rank가 높다는 이유만으로 오랫동안 한 가지 주제에 대해 포스팅해온 사람들의 글만 상위에 노출되는 현상이 벌어졌다. 그러자 신규 블로거들의 불만이 쏟아졌다. 아무리 양질의 글을 써도 오래된 블로그를 이길 수 없다면, 그 누가 블로그를 새로 시작하고 싶겠는가.

네이버도 이 문제에 주목했다. 플랫폼은 콘텐츠를 만드는 창작자가 꼭 필요하다. 더 많은 사람이 블로그에 양질의 글을 써줘야 대중들이 네이버에서 정보를 검색할 것이기 때문이다. 그래서 C-rank 블로그 지수가 낮더라도, 검색하는 사람들이 원하는 양질의 콘텐츠라면 잘 노출될 수 있도록 새로운 알고리즘을 고안해냈다. 이 검색 랭킹 알고리즘의 이름이 바로 D.I.A.(Deep Intent Analysis)다.

D.I.A.는 블로그 채널이나 크리에이터가 아닌 오직 글 자체의 품질만을 분석한다. 제목과 본문 내용이 일치하는지, 정보가 충실히 담겨 있는지, 직접 경험한 정보인지, 타인의 글을 베끼진 않았는지, 요즘 시기에 사람들이 많이 찾는 주제인지 등의 요인들을 꼼꼼하게 살펴본 다음, 사람들에게 유용한 내용이라고 판단하면 상위에 노출해주는 구조다.

이런 원리를 하나하나 다 기억할 필요는 없다. 아래 세 가지 콘텐츠 유형만 기억하면 된다. 바로 '경험담, 상세한 정보, 깊이 있는 의견'이다. 사람들이 어떤 글을 좋아하고 오랫동안 머무르며 읽는지를 분석해보니, 이 세 가지 유형으로 정리된 것이다.

❶ 본인이 실제 경험한 체험기
❷ 누구나 선호할 만한 상세한 정보가 담긴 리뷰
❸ 특정 분야의 깊이 있는 의견

즉 내가 직접 경험한 내용이나 전문 분야에 대한 깊이 있는 의견을 쓰되, 검색하는 사람들이 궁금해할 만한 상세한 정보를 꼭 담아야 한다. '아니, 당연히 블로그엔 실제 경험한 내용만 쓰는 거 아니야?'라고 생각한다면 당신은 블로그 세상을 아직 잘 모르는 것이다. 블로그 마케팅 세계에서는 업체 측에서 가상의 체험기를 원고로 만든 다음, 블로거들에게 돈을 지불하고 포스팅을 의뢰하는 일이 빈번하다. C-rank 지수가 높은 블로거들 중 원고료를 준다는 말에 솔깃한 사람들은 그 원고를 받아 마치 직접 체험한 것처럼 살짝 가공하여 업로드한다. 블로그 지수가 높다면 검색 결과 첫 번째 화면에 글이 노출되기도 한다.

문제는 이런 글이 많아지면서 대중이 네이버 블로그의 글을 불신하게 되었다는 점이다. 네이버 입장에서 가만히 두고 볼 순 없는 노릇이다. 그 해결책으로 네이버는 이런 글을 많이 발행하는 블로거에게 페널티를 주면서 블로그 지수를 떨어뜨리기 시작했다. 반대로 사람들이 정말 궁금해하는 진짜 경험담과 상세한 정보 포스팅, 전문가로서 깊이 있는 의견을 쓰는 블로거의 글은 우대해주기로 한 것이다.

'여행'을 주제로 포스팅한다고 가정해보자. 다녀온 숙소나 맛집 후기를 쓰면 '실제 경험한 체험기'이기 때문에 좋은 글로 분류된다. 사람들은 여행을 가기 전, 다른 사람들의 '찐' 후기를 궁금해하기 때문이다. 치앙마이에 여행을 가보니 QR 코드만 있으면 쉽게 결제가 가능했다. 국내 특정 은행 앱을 설치하면 환전하지 않고도 앱으로 모든 것이 쉽게 해결되었다. 이런 정보를 사람들에게 알려주기 위해 포스팅한다면 '누구나 선호할 만한 상세한 정보가 담긴 리뷰'가 된다. 사람들은 단순한 경험담이나 상세한 정보뿐만 아니라, '내가 여러 곳을 방문해보니 이곳이 제일 좋더라'와 같이 개인적인 의견이 담긴 글도 원한다. 타인의 의견을 궁금해하기 때문이다.

실제 경험한 체험기	상세한 정보가 담긴 리뷰	특정 분야의 깊이 있는 의견
• 치앙마이 숙소 후기 • 태국 쿠킹 클래스 후기	• 치앙마이 항공권 가격 • 치앙마이 여행 시기 • 해외 항공권 예약 꿀팁 • 태국에서 QR 코드로 결제하는 법	• 치앙마이 여행 코스 5곳 추천 • 디지털 노마드에게 치앙마이를 추천하는 이유

그렇다면 여행이나 맛집, 인테리어와 같이 리뷰를 쓸 수 있는 주제를 다루지 않는 경우에는 어떻게 해야 할까? 나 또한 그런 케이스다. 퍼스널 브랜딩을 목적으로 블로그를 시작했고, 전문 분야는 마케팅과 브랜딩이다.

마케팅과 브랜딩을 주제로 한 체험기를 쓰는 것은 쉽지 않다. 이럴 때는 내가 가진 지식을 기반으로 '깊이 있는 의견이나 지식과 정보'를 담아야 한다. 즉, 칼럼 형태의 글쓰기를 추천한다. 하지만 매번 양질의 칼럼을 쓰기란 쉽지 않다. 그러니 중간중간 마케팅 관련 책을 읽고 리뷰를 쓴다거나, 최신 트렌드 동향을 리서치하여 정리한 다음 일목요연하게 안내해주는 콘텐츠를 함께 작성하는 것이 좋다.

실제 경험한 체험기	상세한 정보가 담긴 리뷰	특정 분야의 깊이 있는 의견
• 마케팅 진행 과정 공유 • 마케팅 강의 후기	• 마케팅 책 리뷰	• 마케팅 관련 칼럼 • 마케팅 지식, 꿀팁, 노하우

세 가지 유형 중 한 가지 타입에만 집중해서 써도 상관없다. 내 주제에 대해서는 어떤 유형의 글쓰기가 적합할지 고민해보자. 만약 생각이 잘 떠오르지 않는다면 네이버 블로그에 관련 키워드를 검색해보는 것도 좋은 방법이다. 다른 사람들이 같은 주제를 어떤 방식으로 포스팅했는지 살펴보면 나에게 꼭 맞는 방법을 쉽게 찾을 수 있다.

✳ 검색 의도에 맞는 글쓰기 (D.I.A.+)

기술이 발달하면서 네이버 알고리즘도 점점 똑똑해지고 있다. 이제는 '사람들이 이 단어를 검색한 의도는 무엇인지' 분석한 후에 그들이 진짜 원하는 문서를 VIEW 검색 결과 상단에 노출해주는 알고리즘을 도입했다. 이것을 D.I.A.+(다이아 플러스) 알고리즘이라고 부른다.

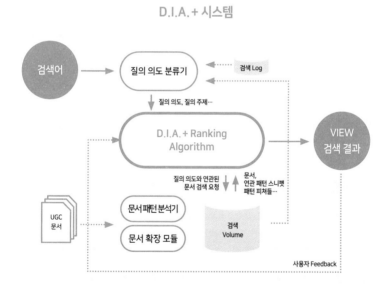

네이버에 따르면 정해진 정가가 없는 비행기표 가격이나 핸드폰 수리비, 입주 청소 비용, 이사업체 가격 등의 정보를 찾는 사람이 많다고 한다. 이런 키워드를 검색하는 사람이 정말 필요로 하는 정보는 무엇일까? 정작 가격은 적어두지 않고 자신의 업체만 홍보하는 글을 보고 싶지는 않을 것이다. D.I.A.+ 알고리즘은 사람들의 검색 의도를 정확하게 분석하여 상세한 서비스 경험이 담겨 있으면서 시공 및 시술 비용이 포함된 글을 상위에 노출시켜준다. 제목을 보고 클릭했는데 정작 원하는 내용은 보이지 않는 일명 '낚시성 포스팅'을 최대한 판별해내겠다는 네이버의 의지라고 생각하면 된다.

또 한 가지 중요한 포인트는 꼭 같은 키워드가 아니더라도 동일한 의미의 단어라면 인식하고 노출해준다는 점이다. 가령, 예전에는 '시공 비용'을 검색하면 '시공 가격'이라고 쓴 글은 전혀 노출되지 않았다. '비용'과 '가격'은 같은 의미인데도 말이다. D.I.A.+ 알고리즘이 도입되고부터는 동일한 의미의 다른 단어를 사용한 글도 함께 상위에 노출되고 있으니, 걱정하지 않아도 된다.

사실 이런 알고리즘을 하나하나 다 이해할 필요는 없다. '사람들이 궁금해하는 주제, 보고 싶은 양질의 글'을 꾸준히, 정성스럽게 포스팅하면 더 많은 사람에게 노출될 수밖에 없는 구조라는 사실만 꼭 기억하자.

✱ 네이버의 새로운 추천 검색 기능, 스마트블록

최근 네이버의 검색 결과 화면이 대대적으로 바뀌었다. 그중 가장 중점적으로 살펴보아야 할 것이 바로 '스마트블록'이다. 앞으로 스마트블록 기능이 더욱 확대될 예정이라고 하니 제대로 이해하고 살펴보는 게 좋다.

스마트블록은 네이버 사용자가 평소에 어떤 키워드를 검색하고, 읽고, 소비했는지 분석한 데이터를 바탕으로 콘텐츠를 추천해주는 기술이다. 같은 주제 묶음을 '블록'이라고 표현한다. 전에는 네이버에 단어를 검색하면 1등부터 순서대로 랭킹을 매겨서 한 줄로 보여주는 방식이었다면, 이제는 세부 주제를 블록으로 보여주어 내가 궁금한 것들을 좀 더 쉽게 볼 수 있게 되었다.

정보를 찾기 위해 네이버에 검색하는 상황을 떠올려보자. 어디로 휴가를 떠날지 고민할 때 먼저 '여름휴가'를 검색하여 다양한 글을 보고 양양은 어떨까, 하는 생각에 다시 한번 검색창에 '강원도 양양' 혹은 '양양'을 검색한다. 검색 결과를 보다 보니 서피비치가 좋아 보여서 또다시 검색창에 '양양 서피비치'를 검색하는 식이다. 연이어 숙소, 가격 등등을 수차례 검색한다.

스마트블록은 '여름휴가' 또는 '강원도 양양'을 검색하는 순간, 이어서 검색하게 될 세부 키워드를 미리 파악하고 의도에 맞게 주제별로 묶어 블록 형태로 보여준다. 심지어 스마트블록의 콘텐츠 유형에 따라 디자인 타입도 다르게 구성되어 있다. 지금 바로 핸드폰을 들어 아무 단어나 여러 개 검색해보자. 검색 화면 구성이 다채로워졌음을 확인할 수 있을 것이다.

*콘텐츠 유형에 따라 다양한 템플릿(출처 : 네이버 '채널 테크' 홈페이지)

예를 들어 본문에 목차가 있는 콘텐츠는 핵심 내용을 요약하여 미리보기 형태로 보여주고, 공간 이미지가 중요한 콘텐츠는 이미지를 크게 보여주는 그리드 뷰 형태로 섬네일을 강조한다. 장소 정보가 중요한 콘텐츠라면 장소를 한눈에 확인 가능하게 보여주는 식이다. 콘텐츠를 만드는 입장에선 환영할 만한 변화이다. 줄 세우기 검색 화면에서 다채로운 화면 구성으로 바뀌게 되면 내 글이 사람들에게 발견될 확률이 높아지기 때문이다. 그럼 우리는 스마트블록을 어떻게 활용할 수 있을까?

내가 쓰려고 하는 주제의 키워드를 검색하여 스마트블록에 어떤 내용들이 추천되는지 확인해보자. 특히 내가 검색한 키워드와 관련하여 사람들이 많이 찾는 인기 주제를 추천해주기 때문에 이 주제를 참고하여 양질의 포스팅을 작성하면 스마트블록에 내 콘텐츠가 노출될 확률이 커진다.

만약 네이버 인플루언서라면 '인플루언서 키워드 챌린지'에 참여하는 방법도 있다. 원하는 키워드에 내가 만든 콘텐츠를 등록하여 주제별 검색 결과에 직접 참여할 수 있다.

✳ 사진과 영상 사용하기

블로그 글을 클릭해서 들어갔을 때, 한 화면 가득히 글만 빼곡하면 어떨까? 왠지 답답하고 읽고 싶지 않은 마음에 조용히 '뒤로가기'를 누를 것이다. 검색이 잘되는 글쓰기는 곧 '사람들이 읽고 싶은 글쓰기'라는 의미를 담고 있다.

당신은 어떤 글을 끝까지 읽고 싶은가?

이렇게 질문해보면 어떤 글을 써야 할지 조금 더 뚜렷해진다.

네이버 검색량 데이터를 보면 검색량 대부분이 '모바일'에서 발생한다는 사실을 알 수 있다. PC를 사용해서 검색하기보다 핸드폰으로 이것저것 검색하는 사람들이 압도적으로 많다는 이야기다. 핸드폰으로 무언가를 검색하는 상황을 떠올려보자. 진지하게, 시간을 두고 집중해서 읽겠다는 마음가짐으로 검색하기보다 빠르게, 궁금증을 해결하기 위해서 검색하는 경우가 훨씬 더 많지 않은가.

앞서 103쪽 '전문가로 포지셔닝하기'에서 예로 들었던 '도토리묵 양념장' 사례를 다시 되짚어보자. 요리에 서툰 나는 늘 스마트폰으로 레시피를 검색한다. 오늘도 도토리묵 양념장을 만들기 위해 '도토리묵 양념장'을 검색창에 입력한다. 수많은 글이 화면에 가득 찬다. 이 중, 사진이 없는 글은 단 한 개도 없다. 가장 정갈한 사진을 올려둔 포스팅을 클릭한다. 그리고 원하는 양념장 재료와 비율을 확인한다. 이 과정에서 내 행동에 유의미한 영향을 준 요인은 무엇일까. 검색 키워드는 기본이고, 사진도 분명 영향을 주었다. 그렇기 때문에 네이버 알고리즘은 사진이 없는 글보다 있는 글을 선호한다. 사람들이 사진 있는 글을 선호하기 때문에 그런 글을 상위에 노출해주는 것이다. 음식 레시피 같은 콘텐츠는 사진의 비중이 더 크기 때문에 이런 검색 키워드일수록 사진의 유무는 더 중요해진다.

이즈음에서 검색 화면의 변화를 짚고 넘어가보려 한다. 과거에는 어떤 키워드를 검색하건 노출되는 화면의 모습은 동일했다. 하나의 글에 '제목, 본문 내용의 일부, 대표 사진 1장'이 노출되는 식이었다. 그런데 이제는 키워드마다, 블로그 글마다 화면 구성이 다르다. 예시로 든 '도토리묵 양념장'을 검색해보면 바로 확인할 수 있다. 어떤 글은 대표 사진이 3장이나 펼쳐져 보인다. 모바일에선 3장이지만, PC 화면에선 5~8장까지 보여주기도 한다. 심지어 사진을 손 또는 마우스로 스크롤하면 올려둔 사진을 모두 다 미리 볼 수 있다. 굳이 글을 클릭하지 않아도 이미지만 먼저 확인할 수 있게 된 것이다. 그럼 모든 글이 다 이렇게 보일까? 그렇지는 않다. 스크롤을 쭉 내려보면 우리가 일반적으로 알고 있던 화면 구성이 보인다. 제목과 본문 글 일부, 그리고 사진 1장으로 된 구성 말이다. 사진 우측 하단의 숫자는 본문에 포함된 사진의 개수를 의미한다.

직접 확인해보면 알 수 있다. 사진을 펼쳐서 여러 장을 한눈에 보여주는 방식이 사람들의 시선을 사로잡기에 더 유리하고, 당연히 클릭될 확률도 높다. 즉, 방문자 수를 늘리는 데 영향을 준다. 상위에 노출될수록 클릭률이 높아지므로 이러한 기능을 백분 활용해야 한다. 글을 쓸 때 이미지와 영상을 반드시 포함하려 노력해야 한다는 말이다.

'내가 다루는 주제는 사진을 찍을 만한 게 없는데.'

물론, 이미지와 영상을 첨부하기 난감한 분야도 있을 거다. 세무사가 운영하는 블로그는 세금 정보로 가득한데, 여기에 적절한 사진을 쓰기 힘든 것은 당연하다. 이럴 땐 네이버에서 제공하는 '글감' 기능을 활용하여 무료 이미지를 첨부할 수 있다. 네이버 글쓰기 화면의 우측 상단 '글감' 메뉴의 '사진' 탭을 클릭하면 무료 이미지 사이트인 언스플래쉬(unsplash.com)와 네이버 OGQ 마켓의 이미지를 본문에 삽입할 수 있다. 이미지를 직접 제작해서 삽입하는 방법도 있다. 카드 뉴스를 만든다고 생각하고 핵심 내용을 이미지로 만들어 업로드하면 된다. 만약 PPT가 익숙한 사람이라면 PPT를 이미지 파일로 변환해서 사용해도 좋고, 손쉽게 이미지 파일을 만들 수 있도록 도와주는 미리캔버스나 망고보드, 캔바 같은 툴을 이용해도 좋다.

사진과 영상을 첨부하면 모두 상위에 노출될까?

사실 사진이나 영상을 첨부해야 상위 노출에 유리하다는 사실은 대부분의 블로거가 알고 있고, 대부분의 글이 그렇게 작성되고 있다. 그렇다면, 사진과 영상을 첨부한 글 중에서도 상위에 노출되려면 어떻게 해야 할까? 네이버에서 공식적으로 '이렇게 해야 합니다'라고 가이드한 내용은 없다. 그도 그럴 것이, 가이드를 제공하면 모든 블로거가 동일하게 포스팅할 것이고 그렇게 되면 같은 방식으로 쓴 글을 다시 줄 세우기 해야 한다. 그래서 네이버는 항상 모호해 보이는 기준만을 제공할 뿐, 구체적인 방식을 안내하지 않는다.

방법은 하나, 내가 쓰고자 하는 키워드를 검색하여 상단에 노출된 글을 분석하는 것이다. 네이버 검색 결과는 키워드마다 화면 구성이 달라지고, 심지어 시기마다 달라지기 때문에 그때그때 직접 분석하는 방법밖에 없다.

다시 도토리묵 양념장 예시로 돌아가보자. 검색 결과 화면을 분석해보니 상위에 노출된 블로그 글들의 공통점이 보인다. 바로 '영상'이 포함되어 있다는 점이다. 펼쳐진 이미지 중 2번째 위치에 '영상'이 자리하고 있다. 본문을 클릭해보니 영상 파일이 2번째에 자리하고 있지는 않다. 즉, 글 안에 영상을 넣어두기만 하면 검색 노출 화면의 2번째 위치에 나오도록 설계해둔 것이라고 추측할 수 있다. 물론 모든 글이 그런 것은 아니지만, 상위 노출된 다수의 포스팅에 영상이 포함되어 있다는 사실은 꼭 짚고 넘어갈 포인트라고 생각한다.

정리하자면 블로그 포스팅을 할 때, 사진과 영상을 이용할 수 있다면 무조건 포함하는 것이 좋다. 사람들은 글만 빼곡한 콘텐츠보다 적당한 글에 사진이 포함된 콘텐츠를 선호하기 때문이다. 물론, 네이버 블로그 글을 읽다가 영상까지 클릭해서 보는 사람이 얼마나 되느냐고 반문한다면, 실제로 영상을 보는 사람 수는 많지 않다고 답할 수 있다. 나의 경우만 돌이켜봐도 네이버 블로그에서 영상을 보진 않으니까. 하지만 네이버가 영상을 우대해준다는 사실은 추측 가능하다. 어쨌든 지금은 영상이 대세인 시대고, 네이버는 대세에 따라 영상 콘텐츠를 확보하고 싶을 것이기 때문이다.

아, 중요한 사실 한 가지 더. 업로드된 영상의 길이를 살펴보면 1분이 넘지 않는 경우가 대다수다. 즉, 사람들에게 보여주기 위한 영상이라기보다 노출에 유리하도록 '영상이라는 형태를 가진 파일'을 업로드한 것이라고 이해하는 편이 더 정확하다. 즉 '잘 만들어진 영상'이 아니라 '영상 파일'을 만드는 것이 핵심이므로, 별도로 영상을 찍기 힘들다면 기존에 찍어둔 사진들을 '슬라이드 쇼' 형태로 이어 붙여서 영상 파일로 변환한 뒤 업로드하면 된다. 만약 유튜브나 인스타그램 쇼츠를 운영하는 사람이라면 이왕 만든 콘텐츠를 블로그에도 한 번 더 업로드하면 된다. 이 경우 본문에 유튜브 URL 링크를 걸어두는 것보다 영상을 직접 업로드하는 편이 네이버 검색 노출에는 더 유리하다.

참고로 네이버에서 운영하는 'MYBOX'라는 클라우드 서비스를 이용하면 스마트폰으로 찍은 사진을 쉽게 블로그에 업로드할 수 있다. MYBOX라는 앱을 스마트폰에 설치한 다음, 블로그에 로그인하는 아이디와 연동해두면 쉽게 사진을 불러올 수 있다.

✳ 네이버가 생각하는 좋은 문서란?

마지막으로 네이버가 생각하는 좋은 문서의 기준을 꼭 한 번 읽어보자.

- **신뢰할 수 있는 정보를 기반**으로 작성한 문서
- 물품이나 장소 등에 대해 **본인이 직접 경험**하고 작성한 후기 문서
- 다른 문서를 복사하거나 짜깁기하지 않고 **독자적인 정보**로서의 가치를 가진 문서
- 해당 주제에 대해 도움이 될 만한 **충분한 길이의 정보와 분석 내용을 포함한 문서**
- 읽는 사람이 북마크하고 싶고 **친구에게 공유 · 추천하고 싶은 문서**
- 네이버 랭킹 로직이 아닌 **글을 읽는 사람을 생각하며 작성한 문서**
- 글을 읽는 사용자가 **쉽게 읽고 이해할 수 있게 작성한 문서**

* 네이버 검색이 생각하는 좋은 문서! 나쁜 문서? (출처 : 네이버 다이어리 블로그, 2012. 12. 3.)

정리하자면 네이버가 생각하는 좋은 문서란, 신뢰할 수 있는 정보를 기반으로 다른 문서를 베끼지 않고 직접 경험한 후에 작성한 글이다. 검색될 만한 글을 쓴다고 생각하기보다 '어떤 사람들이 이 글을 찾아볼까?'를 생각하며, 그들에게 도움이 될 수 있는 내용을 충분한 분량으로 이해하기 쉽게 작성하라는 것이다. 어찌 됐든 네이버는 '사람들이 좋아할 만한 글'이 무엇인지 생각하고 그에 맞게 알고리즘을 설계했기 때문에 우리는 '사람들의 궁금증을 해결해줄 수 있는 내용의 글'을 쓰는 데만 집중하면 된다. 오히려 더 쉽지 않은가.

별 내용 없이 키워드만 요령껏 반복적으로 사용해도 노출이 잘되던 시절이 있었다. 하지만 네이버는 사용자가 원하는 정보를 손쉽게 찾을 수

있는 방향으로 알고리즘을 지속적으로 업데이트하고 있다. 블로그 알고리즘을 이해할 필요는 있지만, 그렇다고 너무 의식해서 글을 쓰면 오히려 블로그 성장에 악영향을 줄 수 있다. 앞으로도 새로운 알고리즘이 생겨나고, 또 변화할 것이다. 하지만 겁먹을 필요는 없다. 본질에 충실하면 그 어떤 알고리즘이 나타나도 나에게 유리한 방향으로 흘러갈 것이기 때문이다.

검색될 수밖에 없는 키워드 전략

검색이 되는 글쓰기의 핵심, 바로 키워드다. 아무리 꾸준히, 양질의 포스팅을 쓰더라도 키워드를 제대로 적용하지 않으면 내 글은 절대 노출되지 않는다. 알고리즘에 맞춰 진정성 있게 글을 썼다면 키워드를 곳곳에 적절히 넣어 마무리해보자. 여기에서 말하는 키워드란, 사람들이 검색하는 단어를 뜻한다.

* 키워드, 어떻게 쓸까?

제목에 '키워드' 포함하기

인스타그램에 익숙한 분들이 블로그를 시작하면 가장 많이 하는 실수가 한 가지 있다. 내 글을 더 많은 사람이 봤으면 하는 바람에 본문에 해시태그를 왕창 집어넣는 것이다. 인스타그램에서는 해시태그를 통해 유입이 생기지만, 블로그에서는 해시태그가 아니라 '제목에 포함된 키워드'가 그 역할을 한다. 그러므로 키워드를 포함하여 제목을 작성하는 것이 기본이다.

다양한 키워드로 노출되고 싶은 욕심에 글 제목에 무작정 키워드만 줄줄 나열하는 경우가 종종 있다. 예를 들어 '데이트하기 좋은 연남동 카페 / 경의선숲길 / 홍대입구역 3번 출구 카페' 같은 제목이다. 과거에는 이런 식으로 다량의 키워드를 한꺼번에 쓰면 노출이 잘되기도 했다. 네이버 알고리즘이 지금보다 덜 정교한 시기였기 때문이다. 하지만 지금의 알고리즘은 '노출만 노리는 인위적인 글쓰기 패턴'을 다 감지하고 좋지 않은 글로 판단한다. 알고리즘도 좋아하지 않지만, 무엇보다 글을 검색해서 정보를 찾아보는 사람들이 보기에도 클릭하고 싶은 매력적인 제목은 아니다.

사람들은, 그리고 알고리즘은 직접 경험한 리뷰나 상세한 정보를 좋아한다. 그러므로 경험담이 담겨 있다는 느낌으로 자연스러운 제목을 쓰는 것이 훨씬 더 매력적이고 노출에도 유리하다. 예를 들어 '주말 데이트, 연남동 카페 비스타에서'와 같이 쓰는 것이다(참고로 비스타는 내가 운영하는 회사로, 예시일 뿐이다). 이렇게 쓰면 '주말 데이트'라는 키워드로 검색한 사람들에게도 노출될 수 있다.

과거에는 검색 키워드가 제목에 필수로 들어가야 했다면, 최근에는 검색 키워드가 제목에 100% 포함되어 있지 않아도 글이 노출된다. 블로그 알고리즘과 글쓰기 방법을 익히지 않으면 결코 상위에 노출될 수 없었던 시절에서, 사람들에게 도움을 주는 양질의 포스팅이라면 기꺼이 더 많은 사람에게 노출될 수 있는 알고리즘으로 진화하고 있는 것이다. 물론 알고리즘을 이해한 상태로 글을 작성한다면 더 유리한 건 사실이기 때문에, 앞으로도 블로그 제목에 핵심 검색어를 꼭 넣어주자. 정성 들여 포스팅해도 키워드를 적절히 쓰지 않는다면, 방문자 수는 결코 늘어나지 않을 것이다.

본문에는 연관성 있는 키워드 넣기

블로그 방문자를 늘리려는 욕심에 제목에 인기 키워드를 넣고 본문에는 전혀 다른 내용을 적어도 노출이 잘되던 시절이 있었다. 제목에 '영화 추천'이라는 키워드를 사용한 다음, 본문에도 '영화 추천'이라는 단어만 여러 차례 반복적으로 넣으면 제목과 본문의 내용이 일치한다고 판단했던 시절이다. 당시엔 본문에 키워드를 몇 번 반복해서 적어야 하는지를 파악하고, 문맥이 어색하더라도 억지로 키워드를 끼워 넣었다. 사실 제목에 '영화 추천'이라고 쓰고 나면 본문에 '영화 추천'이라는 단어를 5번 이상 쓸 일이 무엇이 있겠는가. '오늘의 영화 추천은', '그래서 영화 추천을 해보면', '이렇게 영화 추천을 마치겠습니다'와 같이 어색하기 그지없는 문장을 쓸 수밖에 없었다. 이런 이유로 진정으로 글을 잘 쓰는 사람들은 '네이버 블로그는 하고 싶지 않다'고 말하는 경우가 많았다.

하지만 이제 시대가 바뀌었다. 지금의 알고리즘으로는 이런 글이 상위에 노출될 확률이 거의 없다. 제목과 본문의 내용 일치는 기본 중의 기본이며, 당연히 독자들이 궁금해할 만한 내용이 풍부하게 담겨 있어야 한다.

알고리즘은 진화하고 있다. 단순히 키워드만 인식하고 판단하는 수준을 넘어서, 문맥을 이해하고 질 좋은 글인지 판단할 수 있는 수준이 되었다는 이야기다. 앞으로의 알고리즘은 더욱 정교하게 '독자들이 검색해서 보고 싶어 하는 양질의 포스팅'을 발견하고 노출해주는 방식으로 발전할 것이다. 단순한 꼼수나 눈속임으로는 피해 갈 수 없다. 그렇게만 된다면 '블로그 글쓰기 스킬'은 더 이상 공부할 필요가 없다. 그저 사람들이 보고 싶어 하는 진정성 있는 글을 쓰기만 하면 네이버 알고리즘이 더 많은 사람에게 노출시켜줄 것이기 때문이다. 개인적으로 빨리 그런 시기가 왔으면 좋겠다.

아직은 알고리즘이 그렇게 이상적인 수준까지 발전하지 못했기 때문에 노출이 더 잘되는 글을 쓰기 위해 어느 정도는 의식적으로 노력할 필요가 있다. 핵심은 '낚시성 포스팅'이 아님을 알려야 한다는 거다. 그러기 위해서는 제목과 본문 내용이 일치한다는 증거가 필요하다. 당신이 제목에 사용한 검색 키워드가 본문에도 들어가 있어야 하며, 동시에 연관성이 있는 다른 단어들도 함께 사용해야 한다.

네이버	글쓰기	퍼스널 브랜딩
브랜드	블로그 마케팅	방문자 수
매출	고객	서로이웃

'블로그 마케팅'을 주제로 포스팅하다 보면 자연스럽게 사용할 수밖에 없는 단어들이 있다. 글쓰기, 퍼스널 브랜딩, 매출, 고객, 방문자 수, 서로이웃 같은 단어들이다. 포스팅 본문에 주제와 연관성 있는 단어들이 포함되어 있다면 네이버 알고리즘은 이를 제목과 본문의 내용이 일치하는 글, 그래서 제목을 보고 유입된 사람들이 만족할 만한 글로 판단하여 상위에 노출해준다.

그럼 글을 쓰기 전에 주제와 연관성 있는 키워드가 무엇인지 생각해야할까? 굳이 그럴 필요는 없다. 하나의 주제를 정하고, 그 주제를 자세히 설명하는 글을 쓰다 보면 자연스럽게 연관된 키워드가 포함될 수밖에 없을

테니 말이다. 인위적으로 노력한 글보다 진정성을 자연스럽게 녹여낸 글이
더 많은 사람에게 선택받을 것이다.

✳ 블로그 지수가 낮아도
사람들이 찾아오는 법

한창 유튜브에 몰입하던 시절에는 블로그에 글을 쓰는 횟수가 점점 줄
었다. 키워드를 고려해서 글을 쓰기보다는 그냥 편안하게 일기장 삼아 기
록만 드문드문 남겼다. 그러던 어느 날, 갑자기 방문자 수 그래프가 쭉 올라
가는 게 아닌가. 키워드를 잡고 글을 쓴 것도 아닌데 말이다. 이게 무슨 일
인가 싶어 블로그 통계를 확인해보았다. 놀랍게도 사람들이 '불이 나는 꿈'
이라는 키워드로 내 블로그를 찾아오고 있었다. 네이버 검색창에 '불이 나
는 꿈'을 검색해보니 내 블로그 글이 최상단에 노출되고 있는 게 아닌가.

가끔 너무 생생하고 인상적인 꿈을 꿀 때가 있다. 아침에 눈을 떠보면
느낌이 확 온다. 이건 예사 꿈이 아니라는 게. 그때마다 빠르게 해몽을 검
색해본다. 불이 나는 꿈은 길몽이라고 한다. 사업하는 사람이라면 재산이
급속도로 불어나는 꿈이라고. 당시 갑자기 외부 강의 요청이 늘어났던 일
과 맞물려서 신기한 마음에 글을 썼다. 제목은 '불이 나는 꿈을 꿨다'로 붙
였다. 일기처럼 내 꿈 이야기를 썼을 뿐인데 그 글이 상위 노출되고 있었던
것이다.

이처럼 무심결에 쓴 글이 상위 노출되어 사람들이 유입될 때가 있다. 나도 모르게 사람들이 많이 찾는 키워드로 글을 쓰는 것이다. 생각해보면 블로그를 시작했던 초기에도 아무 생각 없이 쓴 글에 수많은 방문자가 찾아오곤 했다. 진로를 고민하던 시절 블로그를 시작한 덕에 MBTI 검사, 에니어그램 검사, 적성 검사 등 각종 검사를 해보고 결과를 블로그에 올렸다. 그중 상대적으로 인지도가 낮았던 '에니어그램 검사'로 유입되는 사람이 많았다. 검색하는 사람 수는 적었지만, 에니어그램 검사를 다룬 글 자체가 워낙 적었던 탓에 내 글이 상위에 노출된 것이다.

그다음 효자 글은 'SWOT 분석으로 자기소개하기' 포스팅이었다. 'SWOT 분석'은 경영학과의 자기소개 단골 과제다. SWOT은 Strengths, Weaknesses, Opportunities, Threats의 머리글자를 딴 것으로 기업의 강점과 약점, 외부의 기회와 위협 요소를 고려하여 세우는 마케팅 전략을 뜻한다. SWOT의 관점으로 자기 자신을 분석하는 과제를 학기마다 한두 번씩 했던 것 같다. 한동안 학교에 다니며 제출한 다양한 과제와 대학 일상을 블로그에 종종 올리곤 했는데, 그러면서 SWOT 분석 과제의 PPT와 소개 방법도 기록해두었다. 신기하게도 3월과 9월, 학기 초가 되면 방문자 수가 증가했다.

이 사례에서 얻을 수 있는 인사이트가 있다. 검색량이 많지 않더라도 사람들이 꾸준히 찾아보는 키워드, 상대적으로 그 주제로 글을 쓴 사람이 적은 키워드를 찾는다면 블로그 지수가 낮은 블로거에게도 기회가 온다는 사실이다.

니치 키워드 공략하기

이번 주말에 연남동에 있는 '비스타'라는 카페에 방문한 이야기로 포스팅한다면 제목을 어떻게 지어야 할까? '연남동 카페 비스타 추천' 같은 제목을 쉽게 생각할 수 있다. 이 제목에서 키워드는 '연남동 카페'와 '비스타'이다. 만약 사람들이 연남동에 있는 카페에 갈 예정이라면 '연남동 카페' 혹은 '연남동 카페 추천'을 검색할 것이고 '비스타'라는 카페가 유명해서 관련 후기를 찾아보고 싶다면 '비스타'를 검색해볼 것이다.

이렇게 제목에 키워드만 넣어두면 내 글이 검색 결과 첫 번째 화면에 보일까? 시작한 지 얼마 되지 않은 블로거라면 아마 그렇지 않을 것이다. 앞서 말한 것처럼 C-rank 지수가 높지 않기 때문이다. 이런 키워드를 '경쟁 강도가 높은 키워드'라고 말한다. 많은 사람이 검색해서 찾아보는 만큼 관련 글을 쓰는 사람 또한 많아서 상위에 노출되기 힘들다는 의미다.

이럴 땐 좀 더 좁은 범주의 구체적인 키워드를 공략해야 한다. 사람들의 니즈를 세분화해서 그들이 진짜 궁금해하고 검색할 만한 키워드를 찾는 것이다. 연남동 카페를 검색하는 사람의 방문 목적과 고려 요소를 세분화해 보자.

> 주차가 되는 연남동 카페
> 디저트가 맛있는 연남동 카페
> 분위기 좋은 연남동 카페
> 데이트하기 좋은 연남동 카페

'연남동'을 다른 표현으로 바꿀 수도 있다. 홍대입구역 카페, 경의선숲길 카페, 홍대 카페 모두 다 연남동을 지칭하는 표현이기 때문이다. 마찬가지로 영화 리뷰를 쓸 때도 '넷플릭스 영화 추천', '넷플릭스 공포영화 추천', '애니메이션 영화 추천' 같이 이왕이면 구체적인 키워드를 제목에 적고, 본문 내용 또한 이에 맞게 상세히 적는 것이 좋다.

블로그 지수가 높지 않은 블로그일수록 이런 니치 키워드를 적극 공략해야 한다. 검색하는 사람 수는 상대적으로 적지만, '질의 의도에 맞는 정확한 글'이기 때문에 일단 글을 클릭하면 끝까지 읽을 확률이 높다. 즉, 체류시간이 길기 때문에 블로그 지수를 높이는 데 도움이 된다.

검색량 데이터 확인하기

마지막으로, 글을 쓰기 전에 '검색량 데이터'를 확인하는 습관을 가져보자. 네이버는 어떤 단어를 얼마나 많은 사람이 검색하는지를 데이터로 제공한다. 동일한 소재라도 어떤 키워드로 글을 적으면 좋을지, 데이터에 근거해서 결정할 수 있다. 이 데이터를 꼭 살펴보자.

예를 들어 'SWOT 분석'을 주제로 글을 쓰려고 한다면, 사람들이 'SWOT 분석'을 얼마나 많이 검색하는지 확인해보는 것이다. 이때, 'SWOT 분석'에 어떤 키워드를 함께 조합하여 쓰는 게 좋을지도 확인할 수 있다.

검색량 확인하는 방법

➊ 네이버 메인 화면에서 스크롤을 맨 아래로 내려보자. Partners 항목에 '비즈니스·광고' 글씨가 보일 것이다. 클릭해보자.

➋ 네이버 비즈니스 화면으로 넘어왔다. 상단 메뉴에서 '광고'를 클릭하면 네이버에서 진행하는 다양한 광고 상품이 보인다. 이 중 '검색광고'를 클릭하자.
  * 위 과정이 번거롭다면 주소창에 'searchad.naver.com'을 입력하면 검색광고 화면으로 바로 전환된다.

➌ 검색광고 사이트에선 별도의 로그인이 필요하다. 기업용 계정이 있다면 새로 가입해도 좋지만, 가볍게 수치만 확인할 거라면 '네이버 아이디로 회원가입' 기능을 활용하여 쉽고 빠르게 로그인할 수 있다.

➍ 화면 우측에 '키워드 도구'라는 메뉴가 있다. 녹색으로 된 '채팅 상담' 메뉴 왼쪽에 있으니 잘 찾아보자. 앞으로 언제, 어디에서 길을 잃든 '키워드 도구'만 찾으면 된다.

➎ 이제 원하는 화면이 나왔다. 좌측 상단에 '키워드'라는 항목과 빈칸이 보일 것이다. 검색량이 궁금한 단어를 빈칸에 입력하고 '조회하기'를 누르면 된다.

➏ 한 번에 5개까지 검색 가능하니 고려 중인 유사 단어가 있다면 같이 입력해보자. 입력한 키워드들의 검색량을 한꺼번에 볼 수 있을 뿐만 아니라 사람들이 해당 키워드와 같이 검색하는 연관 키워드도 확인 가능하다.

네이버에서 제공하는 데이터를 보다 직관적으로 볼 수 있는 사이트로는 '블랙키위'가 있다. 나는 블랙키위의 화면이 한눈에 더 잘 들어와서 주로 블랙키위를 활용하는 편이다. 특히 월간 콘텐츠 발행량을 한 화면에 같이 보여주기 때문에 키워드의 경쟁 강도가 얼마나 높은지 한눈에 파악할 수 있어서 좋다. 오랜만에 블랙키위에 접속해서 'SWOT 분석'을 검색해보았다.

월간 검색량 ⑦			월간 콘텐츠 발행량 ⑦		
🖥	📱	+	📄	📄	📄
5,990 PC	7,370 Mobile	13,400 Total	1,000 블로그	240 카페	1,240 VIEW

9월 예상 검색량		콘텐츠 포화 지수 ⑦		
🔍	📶	≋	≋	≋
1,080 33.46% ↓ 9월 4일까지 검색량	11,100 17.39% ↓ 9월 30일까지 예상되는 검색량	7.46% 낮음 블로그	1.76% 매우 낮음 카페	9.27% 낮음 VIEW

* 2023년 9월 기준

　　SWOT 분석의 월간 검색량은 13,400건인 반면 월간 콘텐츠 발행량은 1,240건밖에 되지 않는다. 찾는 사람 대비 콘텐츠 수가 적으면 쓸 만한 키워드라는 의미다. 블랙키위에서는 '콘텐츠 포화 지수'라는 것도 측정해서 직관적으로 보여주는데, 블로그 포화 지수는 7.46%로 낮은 편이다. 스크롤을 내리면 연관 키워드를 볼 수 있다. 'SWOT 분석'의 연관 키워드로는 'SWOT 분석 예시', '나의 SWOT 분석', 'SWOT 분석 PPT'가 있음을 알 수 있다.

　　이 데이터를 바탕으로 어떤 제목을 적어볼 수 있을까? 나라면 '나의 SWOT 분석 예시 PPT'라고 적을 것이다. 그럼 'SWOT 분석', 'SWOT 분석 예시', '나의 SWOT 분석', 'SWOT 분석 PPT'를 검색한 사람 모두에게 노출될 확률이 높다. 내 소개뿐만 아니라 기업의 SWOT 분석 사례를 몇 가지 정리해서 'SWOT 분석 예시'라는 키워드로 글을 쓸 수도 있다. 이처럼 데이터를 확인하면 더 적합한 제목과 키워드를 찾을 수 있을 뿐만 아니라 새로운 포스팅 아이디어도 얻을 수 있으니 번거롭더라도 꼭 확인하는 습관을 기르도록 하자.

블랙키위·M자비스 활용법

❶ 블랙키위(blackkiwi.net) 사이트

- 블랙키위는 네이버 검색 데이터를 가져와서 보여주는 플랫폼으로, 보다 쉽게 다양한 데이터를 확인할 수 있다. 단순히 검색량만 보여주는 게 아니라 '월간 콘텐츠 발행량'과 '콘텐츠 포화 지수'를 함께 보여준다.

- 월간 콘텐츠 발행량은 해당 키워드로 얼마나 많은 사람이 글을 썼는지 보여준다. 이 기능을 통해 검색량은 많지만 콘텐츠 발행량이 적어 검색 노출에 유리한 키워드를 찾을 수 있다. 콘텐츠 포화 지수는 '월간 콘텐츠 발행량/월간 검색량'으로 계산한다. 이 값은 기준에 따라 '매우 낮음-낮음-보통-높음-매우 높음'으로 정리되어 직관적으로 볼 수 있다. 가능하면 콘텐츠 포화 지수가 매우 낮음, 낮음, 보통인 키워드로 포스팅하는 게 유리하다.

  > 포화 지수 기준표
  > 50% 이상 : 매우 높음
  > 30~49.9% : 높음
  > 10~29.9% : 보통
  > 5~9.9% : 낮음
  > 5% 미만 : 매우 낮음

❷ 카카오톡에서 쉽게 확인하는 방법 'M자비스'

- 'M자비스'는 카카오톡에서 제공하는 서비스로, 채널 추가 후 채팅창에 궁금한 단어를 입력하기만 하면 검색량 수치를 보여준다. 이 서비스 또한 네이버에서 제공하는 데이터를 가져온 것이다.

- 키워드1, 키워드2, … 키워드30 : 키워드 사이에 쉼표(,)를 입력하면 동시에 30단어까지 검색량 확인이 가능하다.

- 키워드* : 키워드 뒤에 *을 붙이면 총검색량, 기기별(PC/모바일) 검색량, 성별 검색량, 연령대별 검색 현황을 포함한 상세 데이터가 나온다. 검토 중인 여러 개의 키워드를 동시에 검색한 뒤에 하나씩 자세히 보고 싶을 때 사용하면 된다.

- 키워드& : 키워드 뒤에 &을 붙이면 해당 키워드로 상위 노출되고 있는 블로그 글 1~5위까지 링크가 나온다. 물론 네이버 검색창에 직접 검색하여 확인할 수도 있으니, 둘 중 편한 방법을 사용하면 된다.

검색이 아니어도 블로그에 방문하게 하는 법

아무리 열심히 포스팅해도 C-rank 지수가 낮으면 상위에 노출되기가 쉽지 않다. D.I.A. 알고리즘 덕에 신규 블로그도 열심히 양질의 포스팅을 하면 노출되는 경우가 생겼다고는 하지만, 모두에게 그런 행운이 찾아오진 않는다. 하루 방문자 수가 10명, 30명, 50명이라도 꾸준히 동일한 주제로 양질의 포스팅을 하면서 지수가 쌓이길 바라는 일명 '인고의 시간'이 필요하다. 문제는 대부분 이 시기에 블로그에 흥미를 잃고 쉽게 포기해버린다는 점이다. 그런 불상사가 벌어지지 않도록, 이 시기를 조금 더 빠르게 넘길 수 있는 또 다른 유입 루트를 몇 가지 소개하려 한다.

✱ 오프라인 후기는 지도 첨부하기

맛집 검색의 판도가 바뀌었다. 과거에는 블로그 후기에 전적으로 의존했다면, 이제는 블로그 후기보다 '네이버 플레이스'의 영수증 후기가 더 중요해졌다. 네이버에서 맛집을 검색하면 검색 결과 최상단에 블로그가 아닌 플레이스가 보일 것이다. 사실 맛집 키워드는 결국 '방문할 음식점'을 찾는 사람들에게 의미 있는 키워드이기 때문에 블로그 포스팅보다 위치 정보, 즉 지도가 더 중요한 경우가 많다. 네이버는 몇 년 전부터 플레이스 기능을 추가하여 해당 장소 주변의 음식점을 한눈에 쉽게 알아보고, 음식점별 리뷰를 모아서 볼 수 있게 했다. 음식점뿐만 아니라 오프라인 매장이 있는 곳이라면 플레이스 영역에서 사람들의 후기를 함께 볼 수 있다.

네이버 플레이스에서 업체가 노출되는 기준은 다음과 같다.

- 많이 찾는 : 검색어와의 연관성, 사용자 클릭 등의 인기도가 점수화되어 정렬
- 요즘 뜨는 : 많이 찾는 정렬 기준을 기본으로 정보의 최신성이 강조되어 정렬
- 리뷰 많은 : 블로그 리뷰와 방문자 리뷰 수가 합산되어 정렬
- 새로 오픈 : 검색한 지역에 개업한 지 90일이 넘지 않은 신규 업체를 노출
- 이외 키워드 : 사용자 리뷰, 검색어와의 연관성, 사용자 클릭 등 인기도가 점수화되어 정렬

*출처 : 네이버 플레이스

네이버 플레이스의 노출 기준은 블로그 검색 노출 로직과 상당히 유사하다. 특히 맛집이나 매장 같은 오프라인 정보는 '요즘 뜨는'지의 여부가 중요하기 때문에 최신성을 강조하는 편이다. 이는 네이버 블로그에서도 '적시성'이라는 이름으로 동일하게 적용되고 있다. 지금 이 시기에 사람들이 많이 찾아보는 키워드와 정보를 포스팅하면 블로그 상위 노출에 유리하다.

네이버 플레이스에서 상단에 노출되려면 리뷰 수도 중요하다. 리뷰 수는 블로그 리뷰와 방문자 리뷰 수를 합산하여 산출한다. 방문자 리뷰의 경

우, 방문한 사람들에게 영수증 리뷰를 부탁하거나 네이버 예약 시스템을 활용하여 예약 방문 후 후기를 쓸 수 있도록 안내하는 것이 매우 중요하다. 그렇다면 블로그 리뷰는 어떨까?

다가오는 기념일, 가족과 함께 근사한 음식점을 방문할 예정이다. 어디를 가면 좋을지 열심히 찾다 보니 음식점 후보가 몇 개로 추려졌다. 최종 결정에 가장 큰 영향을 미치는 요인은 아마도 다른 사람들의 후기일 것이다. 네이버 플레이스 초기에는 별점을 매기는 기능이 있었다. 그래서 오래전부터 운영했던 음식점에는 여전히 4.8, 4.39 같은 별점이 매겨져 있지만, 별점을 매기는 기능이 사라진 지 꽤 되었기 때문에 최신 점수라고 볼 수는 없다. 신규 매장에는 아예 평점이 존재하질 않는다. 그러니, 이제 믿을 건 후기뿐이다. 사람들이 작성해준 후기를 하나하나 꼼꼼히 읽어본다. 방문자 후기는 사진 2~3장과 2~3줄의 짧은 리뷰가 대다수이다. 음식이 맛있고, 분위기가 좋고, 주차도 가능하다는 사실을 알게 되었지만 이것만으로는 최종 결정을 내리기 힘들다. 이때 '블로그 리뷰' 메뉴를 클릭하여 글을 읽어보게 된다. 한 단락 정도의 짧은 후기만 담겨 있는 방문자 리뷰와 달리, 블로그 리뷰는 글도 풍부하고, 사진도 수십 장 들어간 경우가 많아 궁금한 정보를 훨씬 더 자세히 파악할 수 있다.

자, 이 이야기에서 우리가 활용해야 할 포인트를 발견했는가? 사람들은 **네이버 검색 결과뿐만 아니라 플레이스의 블로그 리뷰 메뉴를 확인하기도 한다. 즉, 검색 노출에서 1~2위를 다투지 않아도 플레이스의 블로그 리뷰를 통해 손쉽게 노출될 수 있다는 뜻이다.** 맛집 전문 블로거, 카페 전문 블로거처럼 오프라인 매장 방문 후기를 주로 쓴다면 이 루트를 적극적으로 활용해보자. 이왕이면 사람들이 많이 방문하는 '핫플레이스'를 찾아간 후 관런 포스팅을 하면 좋다. 물론 이 글이 검색 결과에서도 최상단에 노출된다면 수백 명의 방문자를 맞이할 수 있지만, 그렇지 않더라도 요즘 유행하는 장소라면 플레이스 블로그 리뷰를 통해서도 많은 사람이 유입될 수 있다. 핵심은 블로그에 포스팅할 때 '지도'를 꼭 첨부해야 한다는 점이다. 지도를 첨부하면 해당 플레이스의 블로그 리뷰 메뉴에 자동으로 등록된다.

결혼 준비를 위해 다니기 시작한 에스테틱이 있다. 오랜 시간 건강을 책임져주신 PT 트레이너 선생님이 과거에 근무했던 곳이라며 소개해주셨다. 피부미용과 교수인 원장님이 맞춤형으로 그때그때 나에게 맞는 관리를 해주시는 것이 좋고, 친절하고 정이 있는 곳이라 결혼 이후에도 몇 년째 꾸준히 다니고 있다.

몇 년 전 이 에스테틱이 확장 이전을 했다. 단골손님 중심으로 운영되는 곳이라 별도의 마케팅을 한 적이 없었지만, 이전을 했으니 최소한 네이버 플레이스에 등록이라도 하시는 게 좋을 것 같아 등록 작업을 도와드렸다. 단골손님은 전화로 예약하는, 나이가 많은 분들이 대부분이었다. 그분들에게 플레이스 방문자 리뷰를 써달라고 요청하기엔 무리가 있었다. 대신, 내가 블로그 후기를 써드리기로 했다. 사실 내 블로그의 주제는 미용, 뷰티가 아니어서 에스테틱 키워드로 상위 노출이 될 수 없는 상태였다. 하지만 누군가 네이버에서 해당 지역 에스테틱을 검색하다가 이곳을 발견하거나 인근 주민이 이곳이 궁금해져서 네이버 지도를 찾아볼 때, 진심을 담아 작성한 블로그 후기가 하나라도 있으면 큰 도움이 되겠다고 생각했다.

이후, 동네 주민이 지나가다가 에스테틱 간판을 보고 네이버 지도를 살펴보다가 연동되어 있는 블로그 후기 글을 보고 방문해주셨다는 이야기를 전해 들었다. 블로그 후기가 제 역할을 해낸 것이다.

당신이 오프라인 매장을 운영하는 사장님이라면 이런 방식으로 블로그 리뷰를 확보할 수 있다. 플레이스 블로그 리뷰 메뉴는 블로그 지수가 높지 않아도 충분히 노출된다. 그 대신, 진짜 고객이 진심을 담아 정성껏 포스팅한 후기를 차곡차곡 쌓아나가야 한다. 우리 매장에 올까 말까 고민인 사람에게는 진짜 고객들의 진심 어린 후기가 큰 힘을 발휘하기 때문이다.

체험단을 활용하면 블로그 후기를 더 빠르게 쌓을 수 있다. 단, 역할을 분담해야 한다. 체험단 블로거들의 글은 상위 노출을 목표로 하여 내 매장을 전혀 모르는 사람들에게 알리는 용도로 활용하는 것이 중요하다. 그 사람들이 지도를 타고 넘어와서 '진짜 이곳에 가야겠다!'라고 마음을 먹게 할 때는 플레이스의 방문자 리뷰와 찐 고객들의 솔직한 후기가 큰 역할을 할 것이다.

✽ 서로이웃 늘리기

대부분의 SNS는 내 콘텐츠를 꾸준히 받아 볼 의사가 있는 구독자(팔로워) 수가 가장 중요한 지표다. 블로그는 타 SNS에 비해 상대적으로 이웃 수가 중요하지 않은 듯 느껴진다. 실제로 블로그는 이웃과의 관계보다 '검색 노출 여부'가 더 중요한 지표이기에 이웃 수보다 '일 방문자 수'가 더 중요한 핵심 지표로 분류된다. 그렇다고 해서 이웃 수가 중요하지 않은 것은 아니다. 타 채널과 마찬가지로 나를 구독한 이웃과 서로이웃의 수가 많을수록 조회 수가 안정적으로 확보된다. 블로그를 시작한 지 얼마 되지 않아 내 글이 상위에 노출되는 빈도가 적다면 이웃 관리에 힘쓰는 것이 좋다. 검색되지 않더라도 내 글을 봐줄 사람들을 직접 찾아 나서는 것이기 때문이다. 특히 하루 방문자 수가 100명도 안 되는 초보라면 '이웃'과의 관계 맺기에 집중해야 한다.

나는 소위 파워 블로거라고 불리는 블로거들을 크게 두 부류로 나누어 바라봐야 한다고 생각한다. 블로그 A와 B의 일 방문자 수가 동일하게 1,000명이라고 가정할 때, 검색으로 들어오는 비중이 높은지 이웃들이 보는 비중이 높은지를 구분해서 생각해야 한다는 것이다. 검색으로 들어오는 비중이 높다면 내가 알리고 싶은 이야기나 상품을 새로운 사람에게 노출시키기 쉽다. 즉, 판매할 상품과 서비스가 있다면 어떻게든 검색이 잘되는 블로그를 만드는 게 우선이다.

반대로 퍼스널 브랜딩에 관심이 있다면 검색뿐만 아니라 이웃 수를 늘리고 그들이 내 글을 꾸준히 보게 만들어야 한다. 브랜딩이 잘되어 있는 블로그나 팬이 많은 블로그의 글 제목을 살펴보면 검색어를 고려한 키워드를 적지 않은 경우가 많다. 이웃들의 조회 수만으로도 충분히 블로그 지수가 높아지고 있는 상태라는 뜻이다.

블로그 이웃은 굳이 검색하지 않고도 내 글을 기다리는 사람들이며, 새 글이 올라오면 기꺼이 와서 글을 읽고 댓글을 남겨준다. 이들과 진정성 있는 소통을 하면 자연스레 내 블로그에서의 체류시간도 길어지기 때문에 해당 글이 상위에 노출될 확률도 높아진다. 상품을 론칭한다면 구매해줄 확률 또한 급격히 상승한다. 즉, 블로그로 돈을 벌고 싶다면 방문자 수를 높이는 데 집착하기보다는 '진정으로 소통하는 이웃' 늘리기에 더 신경 써야 한다.

블로그를 시작한 지 얼마 되지도 않았는데 바로 교육 프로그램을 론칭하고 10명의 인원을 모은 수강생이 있었다. 그 비결이 무엇인지 살펴보니 바로 '이웃과의 소통'에 있었다. 방문자 수는 하루에 100명도 되지 않았지만, 글 하나당 댓글이 20~30개씩 달려 있었다. 물론 그중의 반은 본인이 댓글에 답을 남긴 것이었다. 놀라운 사실은 사람들이 남겨준 댓글의 길이가 매우 길었다는 점이고, 더 놀라운 사실은 당사자가 대댓글로 남긴 답변의 길이가 그것을 능가했다는 점이다. 어찌 된 일이냐고 물어보니 관심사가 비슷한 사람들의 블로그에 먼저 방문해서 이웃 신청을 하고 정성을 담아 댓글을 남겼다고 한다. 그러자 그들이 그의 블로그에 방문해서 똑같이 정성 가득한 댓글을 남겨준 것이다. 이런 식으로 서로의 블로그를 몇 번씩 오가며 소통하다 보면 빠르게 호감을 갖고 서로를 신뢰할 수 있는 단계가 된다. 방문자가 천 명이어도 이웃과의 소통이 전혀 없다면 매출로 전환되는 비중은 매우 매우 적다. 반대로 방문자 수와 상관없이 진짜로 소통하는 사람들이 있다면 그들은 기꺼이 나의 상품을 구매해준다.

이웃 말고 서로이웃 신청하기

블로그 이웃에는 '서로이웃'과 '이웃'이 있다. '서로이웃'은 인스타그램으로 치면 맞팔로우된 상태다. 서로의 글을 볼 수 있는 사이로 아주 가까운 소통의 단계다. 상대방이 수락해야만 서로이웃이 된다. '이웃'은 팔로우의 개념이다. 상대방의 블로그에 이웃 신청을 한다는 것은 일방적으로 해당 블로그의 글을 받아 보겠다는 의미다. 상대방의 수락 여부와 상관없이 이웃이 될 수 있으며, 상대방이 내 블로그의 글을 받아서 보진 않는다. 그러므로 내 글을 받아 볼 사람을 늘리기 위해서는 '이웃' 신청이 아니라 '서로이웃' 신청을 해야 한다.

성의 있는 멘트 준비하기

서로이웃 신청을 받는다면 무엇을 보고 수락 여부를 결정할까? 가장 먼저 보이는 게 바로 '신청 메시지'다. 서로이웃을 신청할 때는 따로 신청 메시지를 쓸 수 있는데, 이를 어떻게 쓰느냐에 따라 수락 확률이 높아질 수있다. 가장 기본 메시지는 '우리 서로이웃해요~'다. 이 경우, 블로그의 닉네임 외에는 알 수 있는 정보가 없으므로 상대가 수락하지 않을 확률이 높다. 서로이웃은 블로그 친구를 만드는 과정이다. 친구에게 '우리 친구 하자!'라고 말하면 친구가 '그래, 친구 하자!'라고 쉽게 답할까? 나는 어떤 사람이고, 너랑 왜 친구가 되고 싶은지 말을 해줘야 비로소 상대가 '그래, 우리 친하게 지내자'라고 답할 것이다.

그러므로 서로이웃 신청 메시지에는 '나는 어떤 주제를 주로 다루고 있는 블로거인지, 그리고 왜 당신과 서로이웃이 되고 싶은지' 두 가지를 꼭담는 것이 좋다. 이때 상대방이 어떤 주제의 글을 쓰는지 미리 확인하고 성의껏 메시지를 쓴다면 단순히 서로이웃 수락에 그치는 것이 아니라 그 역시 내 블로그에 관심을 갖고 찾아오게 될 것이다.

> 서로이웃 신청 메시지 예시
> 안녕하세요. 퍼스널 브랜더 김인숙입니다. 저는 주로 퍼스널 브랜딩과 SNS 마케팅 관련 포스팅을 합니다. 우연히 책 리뷰를 보다가 블로그에 들어오게되었는데 관심사가 비슷해서 앞으로 꾸준히 글을 보고 싶어 이웃 신청합니다. 감사합니다 :)

쓴 글이 최소 10개일 때 서로이웃 신청하기

서로이웃 메시지만 보고 수락하는 사람도 있지만, 아이디를 클릭하여 상대방의 블로그를 직접 둘러본 후에 수락하는 사람도 많다. 이때, 내 블로그에 글이 1~2개밖에 없다면 어떨까? 상대가 나를 판단하기가 힘들 것이다. 최소한 내가 어떤 유형의 글을 쓰는 사람인지 파악할 수 있도록 글을 10개 정도 쓴 뒤에 서로이웃 신청을 시작하는 것이 좋다. '내가 어떤 사람인지' 혹은 '이 블로그는 어떤 주제를 다루고 있는지'를 직관적으로 설명하는 글을 작성해두는 것도 좋은 방법이다.

진짜 소통하고 싶은 사람과 이웃 맺기

기계적으로 서로이웃을 신청하는 사람들이 있다. 물론 이웃 수가 많으면 좋고, 사람 수가 많다 보면 누군가 내 글에 관심을 보일 확률도 높다. 그래서 이 방법을 무조건 지양하라고 말하진 않지만, 이왕이면 즐겁게 소통할 수 있는 블로거를 찾아서 서로이웃 신청하는 것을 추천한다.

블로그를 오랫동안 즐겁게 운영하려면 내가 소통하는 이웃이 누구인지도 중요하다. 내가 전혀 관심 없는 주제로 포스팅하는 블로거와 소통하려면 당연히 피로감이 쌓인다. 소통의 즐거움은커녕 의무감 때문에 불편함만 커진다. 그러므로 관심사가 같은 블로거에게 서로이웃을 신청하는 것이 좋다. 그들의 글을 읽는 것이 즐거워야 하고, 그들도 내 글을 읽고 싶어서 찾아오게 해야 한다. 이것이 진정한 이웃 관계이며 소통이다.

평소 관심 있는 주제로 검색하다가 읽고 싶은 글을 쓰는 블로그를 찾으면 그때그때 바로 서로이웃 신청을 추천한다. 글을 읽었으니 이왕이면 '좋아요'도 누르고 댓글도 남기는 게 좋다. 댓글을 남긴 후 서로이웃을 신청하면 상대방도 '이 사람이 내 글을 읽고 정말 좋아서, 앞으로 소통하고 싶어서 이웃 신청을 했구나'라고 느낄 테니 말이다.

✱ 숏폼 영상 업로드하기

얼마 전, 네이버에서 운영하는 '네이버 비즈니스 스쿨'에서 강의를 촬영했다. 블로그, 인스타그램, 유튜브 등의 채널을 어떻게 함께 효과적으로 운영할 수 있는지에 대해 이야기했다. 이 강의를 준비하며 네이버가 앞으로 어떤 서비스에 주력할지를 살펴보았는데 눈에 띄는 서비스가 있었다. 바로 '블로그 모먼트'다.

숏폼의 시대다. 틱톡을 시작으로 유튜브 쇼츠, 인스타그램 릴스까지 대부분의 SNS에서 1분 이내의 짧은 세로형 영상 소비량이 늘어나고 있다. 당연히 플랫폼은 숏폼 콘텐츠를 더 확보하기 위해서라도 적극적으로 숏폼 콘텐츠의 노출을 밀어주었다. 그럼 네이버는 어떨까? 네이버도 숏폼을 외면할 수 없다. 그래서 '블로그 모먼트'라는 숏폼 기능을 도입했고 최근엔 숏폼 크리에이터도 모집했다.

심지어 네이버의 모바일 앱 메인 화면에서 스크롤을 하단으로 내리다 보면 숏폼 영상이 배치되어 있다. 누군가 필요에 의해 검색해야만 내 블로그에 들어오는 게 아니라 추천 알고리즘을 통해 내 콘텐츠를 접하고 블로그에 방문할 수 있는 길이 열린 것이다. 그 문을 열려면 '숏폼' 콘텐츠인 블로그 모먼트가 필요하다.

블로그 모먼트는 크게 2가지 방법으로 만들 수 있다. 아예 인스타그램 릴스와 유튜브 쇼츠까지 함께 이용할 수 있도록 완성형 영상으로 만들어 업로드하는 방법과, 블로그 앱에서 가지고 있는 사진이나 영상을 이어 붙여 쉽고 가볍게 영상을 제작하는 방식이다. 나는 유튜브 영상을 1분 이내로 짧게 편집하여 세 플랫폼 모두에 올리고 있는데, 네이버에서 숏폼이 노출되는 화면을 늘릴 예정이라고 하니 얼마나 효과적으로 유입을 만들어낼지 기대가 된다.

인스타그램과 유튜브는 이미 숏폼 전쟁이 한창인 반면, 네이버에는 아직 숏폼을 적극적으로 만들어내는 창작자가 적으니 오히려 숏폼 콘텐츠가 기회가 될 수 있다. 가벼운 마음으로 만들어 업로드해보자.

팔리는 마케팅 글쓰기

신제품이 나오면 믿고 사는 브랜드가 있는가? 나는 있다. 인스타그램에서 우연히 알게 된 인플루언서 브랜드로, 그녀가 만든 옷과 화장품을 몇 년째 구매하고 있다. 처음에는 인스타그램 광고로 브랜드를 알게 되었다. 이후 옷 한 벌을 구매했고, 꽤 만족스러웠다. 어느 정도 호감을 가진 상태에서 신제품을 쭉 지켜보았다. 한 벌, 두 벌 이어서 구매한 옷도 너무 만족스러웠다. 이제는 거의 묻지마 쇼핑을 하고 있다. 너무 많이 살까 봐 자제하느라 힘들 지경이다.

온라인을 통해 물건을 사고파는 일이 익숙해진 요즘, 사람들은 눈으로 직접 물건을 확인하지 않고도 콘텐츠만을 보고 구매한다. 콘텐츠만으로도 기꺼이 제품을 사고 싶게 만들 수 있기 때문이다. **블로그를 통해 매출을 만들고 싶다면, 핵심은 콘텐츠다. 팔리는 콘텐츠를 만들기 위해서는 사람들의 마음을 사로잡는 글쓰기 방법을 알아야 한다. 이 방법을 터득하면 블로그뿐만 아니라 그 어떤 온라인 공간에서도 무언가를 잘 판매할 수 있으며, 판매하는 제품이 없더라도 블로그 마케팅 대행을 통해 천만 원 이상의 매출을 낼 수 있다.**

지금부터 마케팅 관점의 글쓰기 전략을 살펴보자. 물론 블로그로 브랜딩을 탄탄하게 해왔다면 보다 손쉽게 매출을 만들 수 있을 것이다.

사고 싶은 마음이 들게 만들기

사실 블로그는 판매 수단일 뿐이다. 무언가를 팔기 위해서는 마케팅을 제대로 해야 한다. 단순히 블로그 키우는 방법만 안다고 해서 물건이 판매되지 않는다. 방문자 수가 많다는 것은 우리 매장에 사람들이 많이 방문했다는 의미일 뿐, 그들이 모두 물건을 사서 나가는 건 아니기 때문이다.

Needs	Wants
배가 고프다	먹고 싶다

먼저 사람들이 무엇을, 왜 사는지를 이해해야 한다. 사람들이 돈을 지불하는 이유는 크게 두 가지로 구분된다. 바로 니즈(Needs)와 원츠(Wants)다. 필요해서 구매하거나 원해서 구매하거나. 둘은 비슷해 보이지만 본질

적으로 다르다. 배가 고프면 무엇이든 먹어야 한다. 배고픔만 해결해준다면 니즈를 해결해주는 상품이다. 하지만 우리는 밥을 배불리 먹고도 디저트를 찾는다. 디저트는 맛도 중요하지만 사진 찍고 싶은 비주얼, 함께 마시는 음료와의 시각적 조화, 매장의 인테리어도 중요하다. 이 모든 것을 고객들이 원하기 때문이다. 배고프지 않아도 먹고 싶게 만드는 것, 이것이 바로 원츠를 만족시켜주는 상품이다. 사람들의 니즈와 원츠에 공감하고, 그들이 가진 문제를 해결해주어야 한다. 그럼 사람들은 기꺼이 당신에게 돈을 지불할 것이다.

최근 몇 년간 스마트스토어 붐이 일었다. 너 나 할 것 없이 스마트스토어를 시작했고, 그중 일부는 상당한 매출을 올렸다. 스마트스토어를 시작할 때 가장 쉬운 접근 방식은 바로 도매로 물건을 가져다 파는 것이다. 이 방식은 나만이 소유하고 있는 제품을 판매하는 게 아니기 때문에 검색 결과 상단을 점유하는 것과 가격을 저렴하게 책정하여 경쟁력을 만드는 것이 중요하다. 보통 '필요해서 검색하는 제품'을 판매하는 데 집중하다 보니 브랜드 가치보다는 가격에 더 민감한 편이다. 누가 만들었는지, 어떤 가치를 제공하는지와 상관없이 무조건 최저가 상품을 사는 고객들을 상대하는 것이다. 이런 방식으로는 꾸준히 안정적으로 매출을 만들어낼 수 없다.

그렇기 때문에 단순히 필요하기만 한 제품이 아니라 '필요하면서도 원하는 제품'을 판매해야 한다. 어떻게 그렇게 할 수 있을까?

✳ 고객의 니즈와 원츠 만족시키기

일단 고객의 니즈와 원츠에 공감하고 '당신이 가진 문제를 해결해줄게요'라는 메시지를 내세워야 한다. 그리고 신뢰할 수 있는 증거와 다른 브랜드에 비해 우리 브랜드가 나은 점을 함께 제시하면 된다. 아래의 4단계 공식을 기억하자.

사고 싶게 만드는
글을 쓰려면

문제에 대한 공감
⬇
해결에 대한 약속
⬇
신뢰할 수 있는 증거 제시
⬇
차별화 포인트

기능성 천연 비누를 판매한다고 가정해보자. 고객은 '아토피, 여드름, 악건성 등의 문제로 스트레스를 받고 있는 사람'일 가능성이 높다. 이때, 천연 비누의 효능만 나열하는 게 아니라 그들이 가진 문제를 해결해줄 수 있다고 어필하고 그 말을 신뢰할 수 있도록 증거를 보여줘야 한다. 대표적으로 재료, 만든 사람의 전문성과 노력, 사용자 후기 등을 증거로 활용할 수 있다. 어떤 증거를 내세우느냐에 따라 고객의 신뢰도가 달라지기 때문에, 사람들이 해당 제품을 구매할 때 고려하는 요소를 잘 살펴보고 진정성 있게 담는 것이 중요하다. 독점 상품이라면 여기에서 끝내도 되겠지만, 유사한 상품군이 많은 대다수의 시장에서는 '왜 나여야만 하는지, 왜 꼭 우리 제품이어야만 하는지' 설득할 수 있는 차별화 요소를 내세우는 것도 중요하다.

문제	아토피, 여드름, 악건성으로 스트레스를 받고 있음
해결	기능성 천연 비누로 피부 상태를 개선해주겠다.
증거	• 천연 재료를 사용했다. • 수년간 연구했다. • 수많은 사람의 후기가 있다.
차별화 포인트	• 인증을 받았다. 특허를 받았다. • 디자인이 예쁘다. 향도 좋다.

여기서 한 단계 더 나아가보자. 동일한 제품을 판매하는 사람이 많아지면 사람들은 단순히 문제 해결만을 이야기하는 사람보다 갖고 싶게 만드는 사람에게서 제품을 구매한다. 즉, 사람들이 갖고 싶게 만들어야 한다는 것이다. 니즈를 해결해주되 결국 원츠를 건드려야 경쟁력이 생긴다.

그렇게 하려면 고객이 가진 문제를 보다 깊이 이해해야 한다. 아토피로 힘들어하고 있는 사람들은 당연히 아토피가 낫기를 바랄 테고, 효능이 좋은 제품이라면 두말하지 않고 구매할 것이다. 이때, 효능 좋은 제품이 여러 개라면 좀 더 향이 좋고 디자인이 예쁜 제품을 원할 수 있다. 이왕이면 욕실에 두었을 때 미관을 해치지 않는 비누가 더 좋지 않겠는가. 단순히 효능만 이야기하기보다 디자인과 향 등을 같이 어필하는 게 좋다. 그럼 경쟁 제품보다 조금 더 가격이 비싸더라도 기꺼이 구매하는 고객이 생긴다.

그리고 한 가지 더, 문제를 바라볼 때 기능적 관점뿐만 아니라 정서적인 관점으로도 살펴보는 것이 필요하다. 즉, 고객의 문제에 공감해주어야 한다는 의미다. 아토피나 여드름 피부로 고생해본 적이 있다면 얼마나 큰 스트레스인지 잘 알 것이다. 여드름 피부 때문에 화장을 진하게 하기도 힘들고, 예쁘게 꾸며도 영 마음에 들지 않는다. 이런 구체적인 문제 상황을 고려하여 단순히 피부를 좋게 해주겠다는 약속 대신, 피부가 건강해지면 맘껏 화장도 하고 예쁘게 꾸밀 수 있을 거라는 약속을 해주면 어떨까? 만약 사춘기 청소년이 타깃이라면 여드름으로 떨어진 자존감을 회복시켜준다는 약속을 할 수도 있다. 타깃에 따라 그들이 가진 진짜 문제는 다 다르다. 같은 제품이라도 다양한 문제 중에서 특히 어떤 문제에 초점을 두느냐에 따라 브랜드의 콘셉트가 달라질 수 있다. 기능적 문제만 해결해준다면 제품으로 남지만, 고객의 진짜 원츠를 발견하고 만족시켜준다면 브랜드로 거듭나고 사람들이 즐거운 마음으로 기꺼이 내 제품을 구매하게 된다.

	Before	After
Needs 관점	아토피와 여드름이 사라졌으면 좋겠다.	깨끗한 피부가 된다.
Wants 관점	피부 화장을 예쁘게 하고 친구들 모임에 나가고 싶다.	화장을 맘껏 하고 친구들을 만날 수 있으며, 자존감과 자신감이 회복된다.

Before & After 표를 활용해서 고객의 니즈와 원츠를 정리해보자. 우리 브랜드를 이용하면 어떻게 될 수 있는지, 고객에게 어떤 기대감을 심어줄 수 있을지를 생각하며 After를 작성해보자. 즉 Before에는 문제점을, After에는 우리가 약속할 수 있는 해결책을 적으면 된다.

깨끗한 피부, 자신감 있는 외모를 만들어준다고 하면 소비자들은 솔깃할 것이다. 그리고 궁금할 것이다. 어떻게 그게 가능하냐고. 이제 내 브랜드와 상품이 문제를 해결해줄 수 있다는 증거를 대야 한다. 성분과 재료에 대한 이야기나 임상 실험 데이터, 혹은 브랜드를 만든 사람의 정성과 노력, 사람들의 리뷰 등이 신뢰할 수 있는 증거가 된다. 이때, 타 브랜드 대비 내세울 수 있는 차별화 요소가 있다면 같이 적극적으로 어필해야 한다. 공감, 약속, 증거 단계에서 사고 싶게 만들었다면, 이제는 구매 버튼을 누르게 만들어야 하기 때문이다.

문제에 대한 공감 - Needs & Wants
- 심한 여드름 때문에 스트레스를 받고 있나요?
- 화장을 해도 피붓결 때문에 만족스럽지 않나요?

해결에 대한 약속
- 피부 자신감을 잃어버린 당신에게 정말 필요한 제품이 있습니다.
- 천연 재료로 만든 기능성 비누를 사용하면 여드름이 개선됩니다.
- 올해 여름에는 맘껏 화장하고 기분 좋게 나들이를 즐길 수 있을 겁니다.

신뢰할 수 있는 증거 제시
- 천연 재료로 만든 이 비누는 피부에 자극이 거의 없습니다.
- 지난 10여 년간 여드름으로 고민했던 제가 끊임없는 연구개발 끝에 만든 제품입니다.
- 이미 수많은 사람이 제품을 사용한 후 효과를 보았습니다.

차별화 포인트
- 저희는 성분에 대한 인증과 특허도 받았습니다.
- 디자인과 향까지 신경을 썼습니다.
- 심플하면서도 베이직한 컬러와 디자인으로 제작하였습니다.
- 은은한 향이 당신의 기분까지 행복하게 만들어줄 것입니다.

지금까지 이야기한 내용을 정리해보았다. 이런 내용은 블로그뿐만 아니라 제품을 판매하는 상세 페이지에 꼭 들어가야 하는 요소다. 이렇게 네 가지 요소를 잘 정리한 후에 제품을 판매하는 글을 쓴다면 판매 효과가 훨씬 더 좋아질 수 있다. 핵심은 내 제품의 특성만 나열하는 게 아니라, 고객 관점에서 그들의 문제를 해결해주어야 한다는 것이다.

홈페이지나 스마트스토어의 상세 페이지를 작성할 때도 같은 방식을 적용하면 된다. 블로그에는 제품 관련 글을 꾸준히 여러 개 쓸 수 있기 때문에 앞의 템플릿을 기준 삼아 주제를 다양하게 바꾸어가며 글을 쓰면 좋다. 예를 들어 우리 제품의 효능을 상세히 설명하는 글을 쓰고, 고객들의 후기를 여러 개의 포스팅으로 여러 번 꾸준히 올리는 것이다. '고객 후기'라는 블로그 메뉴를 따로 만들어 고객들이 손쉽게 찾아볼 수 있도록 해도 좋다. 특히 고객의 리뷰는 꾸준히 포스팅하여 한데 모아두면 제품을 살지 말지 고민하는 고객들의 구매전환율이 높아진다.

✳ 과정을 보여주기

블로그가 가진 가장 큰 강점은 과정을 보여줄 수 있다는 것이다. 쇼핑몰도 마찬가지다. 상품을 소개하는 상세 페이지만 있는 것보다 상품과 브랜드에 대한 다양한 이야기가 담겨 있는 콘텐츠 게시판이 별도로 있으면 제품 판매에 훨씬 더 도움이 된다. 해외에는 블로그 메뉴가 함께 있는 홈페이지도 많으나, 국내에서는 네이버 블로그가 홈페이지보다 훨씬 더 쉽게 검색되고 접근성이 좋은 탓에 그 역할을 주로 담당해왔다.

판매하는 제품이나 서비스가 있다면 관련된 이야기를 꾸준히 블로그에 포스팅해보자. 요즘은 진정성이 가장 중요한 시대다. 사람들은 솔직한 이야기를 듣고 싶어 한다. 솔직하게 기록한 나의 이야기만으로도 사람들에게 진정성을 보여줄 수 있다. 투명성이 진정성을 만들기 때문이다. 특히 젊은

세대일수록 '의도의 진정성'을 중요하게 여긴다. 그들은 단순히 돈을 벌기 위한 브랜드가 아닌, 의미와 가치가 있는 브랜드를 소비하며 응원하고 싶어 한다.

특히나 상품의 품질이 상향 평준화되어 단순히 상품 자체만 가지고는 차별화하기 어려운 요즘, 상품을 만들고 브랜드를 구축하는 과정을 보여주는 것이 차별화 요소가 될 수 있다. 그런 과정을 보여주기에 가장 매력적인 플랫폼이 바로 블로그다. 만약 판매하고자 하는 제품이 있거나 팬을 만들고 싶다면 내가 하는 일, 브랜드를 키워가는 과정을 블로그에 꾸준히 기록해보자.

'꿀빠는시간'이라는 브랜드를 운영하는 이혜미 대표님은 블로그에 브랜드를 만들어가는 과정을 꾸준히 기록했다. 크라우드펀딩으로 상품을 론칭했을 때, 많은 사람이 블로그에 찾아와 꾸준히 쌓아둔 과거의 기록을 읽었다고 한다. 그 결과, 자연스럽게 상품과 브랜드에 신뢰가 쌓여 기꺼이 제품을 구매하는 고객들이 많았다고 한다. 블로그에는 이런 힘이 있다. 스몰 브랜드를 운영하는 대표님들께 블로그를 추천하는 이유다.

브랜드를 운영하지 않아도 블로그에 내 이야기를 기록하는 것은 도움이 된다. 나는 블로그를 일기장처럼 써왔다. 일을 하며 겪었던 수많은 선택과 고민의 과정들이 고스란히 블로그에 담겨 있다. 덕분에 새로운 상품을 판매할 때도, 강의를 론칭할 때도 사람들은 기꺼이 돈을 내고 나를 찾아와주었다. 얼마 전, 한 수강생분이 내 블로그를 5년 넘게 스토킹하듯 지켜보다가 찾아왔다고 이야기해주셨다. 10년 가까이 블로그를 지켜보다가 본격적으로 자신의 사업을 시작하면서 컨설팅을 받으러 오시는 분도 있다. 이런 분들을 만날 때마다 나의 오랜 시간을 조용히 지켜보고 응원해주는 사람들이 생각보다 많다는 사실에 감정이 벅차오른다. 단순히 감사하다는 표현으로는 형용할 수 없을 만큼 기쁘고, 감동적이다.

생각해보면 사람들은 무언가를 완성한 후에 '짠' 하고 소개하는 것보다 그 전부터 과정을 세세하게 기록했을 때 더 좋아했다. 대기업에 비싼 돈 받고 강의를 다녀왔다고 글을 쓰면 댓글이 하나도 달리지 않지만, 언젠가 큰 기업에 불려 다니는 강사가 되고 싶어서 열심히 노력하던 시절의 일기에는 응원의 댓글이 여러 개 달렸다. 10년 넘게 커리어를 쌓아오다 보니 많은 것들이 완성형으로 보여지곤 한다. 그럴수록 과정을 더 보여주려고 노력한다. 내가 어떤 마음으로 새로운 일을 시작하는지, 왜 이 제품을 만드는지, 어떤 실수를 했고 또 어떻게 해결해나가는지 기록하려고 한다. 그래야 더 많은 사람이 나를 응원해줄 것임을 알기 때문이다. 온라인 세상에서는 과정의 기록이 곧 좋은 결과로 이어진다.

과정을 기록하면 단순 매출 그 이상의 가치를 가진 고마운 고객들을 만날 수 있다. 단순히 돈만 주고 사라지는 고객이 아니라, 오랜 시간 나를 지켜보고 응원해주는 내 편이 생기는 기분을 느껴보길 바란다.

마케팅 퍼널 이해하기

✴ 마케팅 퍼널이란?

구매로 이어질 수밖에 없는 콘텐츠를 만들기 위해서는 '마케팅 퍼널 (Marketing Funnel)'이라는 개념을 꼭 알아야 한다. 블로그에서 본격적으로 월급 이상의 수익을 내려면 브랜딩과 마케팅에 대한 이해는 필수다. 영향력을 만드는 법은 브랜딩을 기반으로 하고, 매출을 만들어내는 법은 브랜딩 관점에 마케팅 관점을 더해야 한다. 사람들이 나를 좋아하고 믿게 만드는 것과 내가 판매하는 제품이나 서비스에 기꺼이 돈을 지불하게 하는 것은 조금 다른 영역이기 때문이다.

지금부터 이야기하는 마케팅 퍼널은 블로그뿐만 아니라 다른 온라인 채널에서도 동일하게 활용할 수 있다. 특히 스마트스토어를 운영하는 분이라면 상세 페이지 글쓰기에도 적용하여 훨씬 더 큰 매출을 올릴 수 있다.

검색량이 많은 키워드를 사용한다고 해서 무조건 매출이 오르는 것은 아니다. 사람들이 언제, 어떤 상황에서, 왜, 어떤 단어를 검색하는지 이해하고 전략을 세워야 한다. 그러기 위해서는 '마케팅 퍼널'이라는 개념을 이해하고 접근하는 게 좋다.

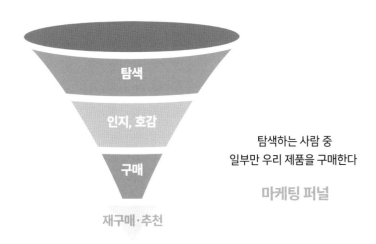

마케팅 퍼널

탐색하는 사람 중
일부만 우리 제품을 구매한다

퍼널(Funnel)은 '깔때기'라는 뜻으로, 마케팅 퍼널은 '마케팅 깔때기'라고도 불린다. 깔때기는 입구가 넓고 아래로 갈수록 점점 좁아진다. 수많은 사람에게 브랜드가 노출되어도 그중 일부만 구매에 이른다는 것을 깔때기에 비유하여 직관적으로 표현한 것이다. 마케팅 퍼널의 단계는 여러 버전으로 설명할 수 있지만, 이 책에서는 온라인 마케팅 환경에 초점을 맞추어 '탐색 → 인지 & 호감 → 구매 → 재구매 & 추천'의 4단계로 설명해보겠다.

탐색 : '무엇을 해야 하나' 고민하는 단계

최근 사무실 이사를 했다. 기존 사무실보다 2배 큰 평수로 이사하다 보니 이것저것 새로 사야 할 게 많았다. 어떻게 꾸미면 좋을까 고민하느라 이사 전부터 이사 직후까지 꼬박 한 달을 고민하며 다양한 정보를 찾아봤다.

무언가를 사고 싶고, 돈을 쓸 예정인데 마땅히 어디에 돈을 써야 할지 모르는 상황. 이럴 때 사람들은 어떤 행동을 할까? 바로 다양한 검색 키워드로 리서치를 한다. 이게 바로 '탐색' 단계다.

인테리어 카테고리의 특성상 시각적 이미지가 중요하기 때문에 네이버뿐만 아니라 인스타그램이나 인테리어 플랫폼 '오늘의집'도 함께 탐색했다. '#사무실인테리어', '#사무실인테리어디자인' 등 보편적인 키워드를 검색하기도 하고, 취향에 따라 '#모던인테리어', '#월넛인테리어' 등의 키워드도 검색해보았다. 업무 공간은 월넛 가구로, 강연과 모임 공간은 화이트에 포인트 컬러를 활용한 공간으로 꾸밀 예정이었다. 이런저런 생각을 하며 세부 키워드들을 하나씩 검색해나갔다.

이처럼 탐색 단계에서 소비자들은 다양한 가능성을 펼쳐두고 검색을 한다. '어떤 느낌으로 인테리어를 할까?', '어떤 제품을 사야 할까?', '다른 사람들은 어떻게 인테리어를 했을까?' 같은 생각을 하며 관련 정보를 찾는 것이다. 이 단계에서는 검색을 통해 바로 물건을 사기보다는 결정을 위한 정보 수집을 목표로 한다. 즉 검색 의도가 '구매'가 아니라 '정보를 얻는 것'이라는 의미다. 이때 사람들이 주로 사용하는 키워드의 형태를 '정보성 키워드'라고 할 수 있다.

우리는 이런 탐색 단계의 사람들이 내 블로그에 방문하게 해야 한다. 그들에게 정보를 주면서 우리 브랜드를 자연스럽게 인지시키는 것이 핵심이다. 그들은 아직 내 브랜드명을 모른다. 하지만 내 브랜드를 알게 된다면, 호감을 갖고 구매할 확률이 조금이라도 생긴다. 블로그 마케팅의 핵심은 바로 이 탐색 단계의 고객에게 유용한 정보를 제공함으로써 내 브랜드를 알리고, 호감을 느끼게 하는 것이다.

그러기 위해서는 말 그대로 정보성 글을 써야 한다. '~하는 법, ~추천, 꿀팁'과 같이 노하우를 알려주는 콘텐츠가 적합하다. 브랜드나 제품을 노골적으로 홍보하는 콘텐츠로 도배하는 행위는 절대 금물이다. 철저히 잠재고객에게 관련 정보를 제공하는 목적으로 글을 쓰는 게 좋다. 우연히 방문한 블로그의 글이 무척 마음에 들었는데, 알고 보니 특정 브랜드의 블로그라면? 사람들은 자연스럽게 그 블로그를 둘러보게 되어 있다.

참고로 스몰 브랜드라면 꼭 공식 블로그를 운영할 필요도 없다. 오히려 스몰 브랜드의 대표가 직접 운영하는 블로그가 훨씬 더 매력적이고 키우기도 쉽다.

인지 & 호감 : '어떤 걸 살까' 고민하는 단계

'탐색' 단계를 통해 인테리어 디자인을 어떻게 할지 대략 감이 왔다. 다양한 아이템을 새로 구매해야 했는데, 그중 가장 심혈을 기울인 아이템은 '인테리어 액자'였다. 오프라인 강의와 모임을 위해 대형 테이블을 배치했는데, 벽 한쪽이 너무 허전했다. 인테리어 액자로 빈 공간도 채우고, 사람들이 들어왔을 때 사무실이 아니라 모임 공간이라고 느끼게 하고 싶었다.

문제는 내가 그림에 대한 조예가 깊지 않은 사람이라는 점이다. 이 공간에 어떤 그림을 걸면 좋을지, 액자 사이즈는 어느 정도가 적합할지 알 수가 없었다. 이를 해결하기 위해 다음 세 가지를 시도해보았다.

❶ 인테리어 감각이 있는 지인에게 문의했다. 지인은 사무실에 방문해보고 어울리는 그림을 골라서 추천해주겠다고 했다. 하지만 성격이 급한 나, 그녀가 방문할 때까지 기다리고 있을 수만은 없었다.

❷ 당근마켓을 수시로 드나들었다. 사무실 위치가 마포구라 인근에 카페와 스튜디오가 많은데, 폐업하면서 예쁜 인테리어 소품을 내놓는 경우가 많다. 저렴한 금액에 득템하기 위해 부지런히 접속했다. 이사할 즈음엔 하루에도 수십 번씩 드나들 정도였다. 이때 당근마켓의 위력을 느꼈다. 이렇게 많은 사람이 하루 종일 드나든다면, 마케팅 채널로도 아주 좋겠구나!

❸ 인스타그램에서 '#인테리어포스터'를 검색하여 이것저것 살펴보았다. 놀라운 사실은 이후에 인테리어 포스터를 판매하는 수많은 브랜드의 광고가 계속 눈에 띄었다는 점이다. 인스타그램과 페이스북 광고는 사용자의 관심사 기반으로 타기팅을 한다. 소비자 입장에서는 관심이 있는 상품군의 다양한 브랜드가 알아서 눈앞에 나타나니 오히려 '정보'로 인식하게 되는 경향도 있다. 광고 배너를 눌러 하나하나 둘러보았다.

제품을 구매하기 전, 사람들은 다양한 방식으로 제품과 브랜드에 대해 알아본다. 알아차렸을지 모르겠지만, 위 사례에서 네이버 검색은 전혀 하지 않았다. 그 대신 지인, 당근마켓, 인스타그램을 활용했다. 예전에는 모든 사람이 네이버에서 검색을 했고, 네이버 블로그에서 정보를 얻었다. 하지만 이제는 아니다. 사람들은 다양한 온라인 채널에서 다양한 방식으로 제품에 대한 정보를 얻고 검증을 한다. 이 사실을 꼭 기억해야 한다.

나는 당근마켓을 드나들며 50×70 사이즈의 인테리어 액자가 많이 판매된다는 사실을 알게 되었고, 저렴하게 50×70 사이즈 액자를 구매했다. 원래는 그림을 구매하면서 액자를 함께 사려고 했는데, 액자가 생각보다 비싸서 고민하던 참이었다. 당근마켓에서 저렴한 금액의 액자를 보자마자 바로 '구매할게요' 메시지를 보낼 수밖에 없었다.

그런데 액자를 사고 보니 50×70 사이즈의 인테리어 포스터가 흔하지 않다는 사실을 알게 되었다. 오히려 A3, A2 같은 사이즈가 더 일반적이었다. 낭패였다. 이때부터는 다른 방식으로 검색해야 했다. '사이즈'라는 조건이 하나 더 붙은 것이다. '인테리어 포스터'나 '포스터 액자' 같은 키워드가 아니라, '5070 포스터'라는 키워드로 검색하기 시작했다. 이런 키워드는 정보성 키워드가 아닌, 사고 싶은 제품을 찾기 위한 직접적인 키워드다.

이 단계부터는 다른 플랫폼보다 네이버에서 검색하는 게 적합했다. 네이버 쇼핑으로 바로 구매할 수도 있고, 블로그를 통해서 어떤 브랜드에 해당 조건을 만족하는 제품이 있는지 찾을 수 있기 때문이다. 이곳저곳 클릭해가며 글을 읽다 보니 마음에 드는 디자인을 발견했다. 쇼핑몰에 상세 페이지가 잘 만들어져 있다면 상관없지만, 상세 페이지의 내용이 충분하지 않을 경우엔 블로그 후기가 도움이 되었다. 같은 디자인을 여러 공간에 배치해둔 사례를 살펴볼 수 있기 때문이다. 내 눈에 들어온 디자인은 디자인 특허를 받은 것으로, 그 브랜드의 공식 스토어와 '오늘의집'에서만 판매하는 제품이었다.

여기까지가 인지&호감 단계의 전형적인 고객 패턴 예시다. 검색을 통해 다양한 브랜드를 접하고, 그중 하나의 브랜드를 알게 되고 또 호감까지 갖게 되는 것이다. 하지만 여기서 끝이 아니다. 호감이 생겼다고 바로 쉽게 돈을 쓰진 않기 때문이다.

구매(전환)

브랜드와 판매처까지 알았으니, 이제 결제만 하면 된다. 이 단계에서는 제품의 상세 페이지가 중요하다. 인테리어 포스터의 특성상 제품 사진만 잘 보여주면 될 것 같지만, 사람들이 기꺼이 돈을 지불하기까지는 수많은 고민이 뒤따른다는 사실을 이해해야 한다.

> • 예쁘긴 한데, 이 디자인이 사무실에 정말 잘 어울릴까?
> • 액자 프레임이 검은색인데 그림과 잘 안 어울리는 것 아닐까?
> • 이 정도 금액이면 괜찮은 건가? 조금 더 저렴한 옵션은 없을까?

실제로 내 머릿속을 복잡하게 했던 질문들이다. 이 고민에 대한 답을 찾아야만 안심하고 기쁜 마음으로 구매할 수 있다. 위 고민을 해결해주는 답변들이 상세 페이지에 포함되려면 어떻게 해야 할까?

> **고민 1** **예쁘긴 한데, 이 디자인이 사무실에 정말 잘 어울릴까?**
> - 고객 행동 : 실제 구매자들의 포토 리뷰를 살펴본다. 어떤 공간에 어떻게 배치했는지 눈으로 확인한다.
> - 브랜드가 할 수 있는 일 : 구매자들에게 '포토 리뷰'를 적극적으로 요청한다. 포인트를 추가로 지급하거나 베스트 리뷰를 선정하여 선물을 줄 수 있다. 베스트 포토 리뷰는 상세 페이지에 포함해둔다.
>
> **고민 2** **액자 프레임이 검은색인데 그림과 잘 안 어울리는 것 아닐까?**
> - 고객 행동 : 머릿속으로 상상해보고, 다른 구매자들의 리뷰를 살펴본다.
> - 브랜드가 할 수 있는 일 : 포스터를 다양한 컬러의 액자 프레임에 넣은 이미지를 상세 페이지에 추가한다. 목업 이미지로도 충분하다.
>
> **고민 3** **이 정도 금액이면 괜찮은 건가? 조금 더 저렴한 옵션은 없을까?**
> - 고객 행동 : 해당 제품명을 다시 네이버에 검색하여 확인해본다. 타 플랫폼에 동일한 제품이 있고 가격이 더 저렴하다면 기꺼이 갈아탈 수 있다.
> - 브랜드가 할 수 있는 일 : 최저가가 아니라면 고객이 타 플랫폼으로 가지 못하게 어떻게든 붙잡아야 한다. 가격 이상의 가치를 제공한다는 차별화 포인트를 명확하게 제시하고 설득력 있게 어필해야 한다. '저렴한 타사 포스터와는 질이 다릅니다' 같은 문구로 우리 제품이 어떤 면에서 더 나은지를 보여주어야 한다. 인테리어 포스터 시장은 '1+1'이나 '2+1' 같은 프로모션도 많은 편이니 경쟁사 제품 분석 후 필요하다면 적절한 프로모션을 진행한다.

이 고민을 상세 페이지에서 다 해결해주었다면 나는 아마 바로 구매 버튼을 눌렀을 것이다. 아쉽게도 사람들의 후기를 보면서 디자인은 예쁘지만 내 사무실에는 어울리지 않는다는 사실을 알게 되었다. 하지만 해당 브랜드의 인쇄 퀄리티가 좋다는 후기가 많았기 때문에 내 사무실에 어울릴 만한 다른 디자인을 살펴보았다. 그리고 결국, 이 브랜드의 다른 디자인 포스터를 구입했다. 이처럼 **구매 단계의 사람들이 구매 직전까지 고민하는 부분이 무엇일지 미리 예측해보고, 그 고민에 대한 답변을 상세 페이지에 함께 정리해두어야 한다.**

상세 페이지가 아니라 블로그에 포스팅한다면 어떻게 해야 할까? 우선, 구매 단계의 사람들이 많이 검색하는 키워드를 제목에 포함하여 포스팅하면 도움이 된다. 예를 들어, 더 저렴한 가격을 찾는 사람들은 '○○○ 가격', '○○○ 할인' 같은 키워드를 검색할 것이다. 만약 내 블로그에 '가격 저렴한 인테리어 포스터 쇼핑몰 추천' 같은 글이 있다면 다른 쇼핑몰을 검색하던 고객이 유입될 수 있다. 자연스럽게 내가 판매하는 제품으로 전환될 확률도 생긴다.

혹은 체험단 마케팅을 진행하여 내 상품과 브랜드를 추천하거나 리뷰하는 블로그 글을 확보해두는 것도 좋은 방법이다. 어떤 브랜드를 소비할지 고민하는 단계에서는 후기의 개수가 강력한 영향을 주기 때문이다. 쇼핑몰에 들어와서 리뷰를 확인할 수도 있지만, 그 전에 블로그에서 동일한 브랜드의 후기를 반복적으로 접하게 되면 브랜드에 대한 신뢰가 급상승할 수 있다. 이런 이유로 브랜드 블로그를 운영하지 않더라도 체험단 마케팅은 꼭 진행하는 것이 좋다.

마지막으로 정보성 키워드뿐만 아니라 구매 전환을 고려하는 단계의 사람들이 어떤 키워드를 검색할지 생각해보고 관련 콘텐츠를 작성해두면 도움이 된다.

재구매 & 추천

안정적인 매출을 위해서는 한 번 제품을 구매한 고객이 반복적으로 재구매하도록 유도하는 게 중요하다. 인테리어 포스터 사례로 돌아가보자. 이 브랜드에서 포스터를 한 번 사고 마는 게 아니라, 계절이 바뀔 때마다 기분전환 겸 새로운 제품을 구매할 수 있도록 안내해주면 재구매가 일어날 확률이 높아진다. 특히 업데이트 소식을 꾸준히 받아볼 수 있는 블로그나 인스타그램, 유튜브 등의 온라인 채널이 있다면 더욱 유리하다. 제품 구매는 한 번뿐이었어도 온라인 채널을 통해 꾸준히 브랜드의 새 소식을 접하다 보면 자연스럽게 호감이 생기고, 재구매는 물론 다른 사람들에게 추천하는 것까지 이어질 수 있다.

만약 기존 고객들이 꾸준히 재구매하거나 주변 지인들에게 추천한다면 신규 고객을 만드느라 추가로 에너지를 쓰지 않아도 안정적인 매출이 발생한다. 구매한 사람의 추천 덕분에 새로운 고객이 우리 브랜드를 자연스럽게 인지하고, 호감을 갖기 때문이다. 소규모 브랜드라면 이런 방향성을 가져가야 안정적으로 고객과 매출을 확보할 수 있으니, 특히 더 신경을 쓰는 게 좋다.

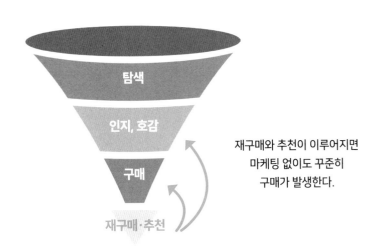

재구매와 추천이 이루어지면
마케팅 없이도 꾸준히
구매가 발생한다.

재구매가 불가능하거나 구매 주기가 긴 상품이라면 특히나 '입소문'에 신경을 써야 한다. 예를 들어 내가 판매하고 있는 독립 출판물은 한 번 구매하면 다시 구매할 이유가 별로 없는 상품이다. 이럴 땐 재구매 대신 기존 고객이 주변 사람에게 많이 추천할 수 있도록 유도해야 한다. 기존 고객이 SNS에 내 제품을 언급하거나 추천하면 이를 통해 또 다른 잠재 고객들이 유입될 수 있다. 이런 선순환이 반복되면 자연스럽게 내 제품이나 브랜드를 추천하는 사람이 많아지고, 입소문만으로도 꾸준히 제품이 판매되는 상태가 된다. 가장 이상적인 형태다.

최근 《뭐해먹고살지? 문답집》의 개정판을 새로 펀딩하면서 구매 인증샷 이벤트를 진행했다. 책의 특성상 쉽게 후기가 올라오지 않기 때문에 쉽고 간편하게 제품을 언급할 수 있도록 유도한 것이다. 인증샷만 올려도 무료로 진행되는 온라인 강의와 커피챗에 초대한다고 홍보했더니 택배 발송 후 인증샷이 하나둘 올라오고 있다. 참고로 인증샷은 블로그보다는 인스타그램이, 인스타그램 피드보다는 인스타그램 스토리에 올리는 것이 허들이 낮다. 그러므로 이런 방식의 이벤트를 진행한다면 블로그뿐만 아니라 다양한 채널에 업로드하도록 적극 유도하자. 만약 블로그에서 퍼뜨려지기를 원한다면 인증샷 이벤트보다는 내 블로그의 홍보 게시물을 공유해달라고 요청하는 편이 더 좋다.

마케팅 퍼널의 마지막 단계인 재구매와 추천을 위해서는 결국, 브랜딩이 가장 중요하다. 새로운 소식을 업데이트하고, 과정을 꾸준히 기록하고, 고객들과 소통하며 진정성 있는 콘텐츠를 만들다 보면 단순 호감을 넘어서 많은 사람이 신뢰하는 브랜드로 성장할 수 있다.

키워드 전략 세우고 잠재 고객 찾기

마케팅 퍼널을 통해 사람들이 브랜드를 발견하고 소비하는 과정을 살펴보았다. 내 브랜드를 찾아와서 소비하는 사람들이 어떤 과정을 거치는지 이해했다면, 이번에는 관련 키워드를 발굴하여 글을 써보자. 161쪽에서 언급했듯, 네이버는 어떤 단어를 얼마나 많은 사람이 검색하는지를 데이터로 제공하고 있다. 이를 활용하면 더 많은 사람이 내 블로그로 유입될 수 있으니, 꼭 살펴보길 바란다.

네이버 검색량 확인하기

러닝화로 유명한 해외 브랜드의 마케팅 전략 수립 프로젝트를 진행한 적이 있다. 마니아층은 존재하지만 보다 대중적으로 사람들에게 접근하기 위해 어떤 콘텐츠를 만들고 어떻게 마케팅해야 할지 고민이 되었다. 우선, 사람들이 어떤 니즈를 가지고 운동화를 구매하는지 살펴보기로 했다.

해당 브랜드는 러닝화 라인업이 여러 가지였기 때문에 각 제품의 포지셔닝과 키워드를 고려하는 것도 중요했다. 네이버에서 제공하는 러닝화, 운동화, 등산화 키워드의 검색량 데이터와 연관 검색어를 먼저 살펴보았다. 결과는 아래와 같았다. 동시에 '런닝화'라는 단어도 연관 검색어로 함께 검색한다는 사실도 알 수 있었다.

	월간 검색 수(PC)	월간 검색 수(모바일)
러닝화	4,490	25,100
운동화	22,200	151,800
등산화	12,800	73,400
런닝화	8,820	61,800

* 2023년 5월 기준

검색량만 보면 '운동화'가 가장 많고 '등산화'가 두 번째인 것으로 보이지만, '러닝화'와 '런닝화'는 같은 제품군을 검색한 것이므로 두 수치를 합치면 오히려 등산화보다 검색하는 사람 수가 많다는 사실을 알 수 있다. 검색량 확인은 블로그 마케팅을 하는 사람에겐 필수다. 이왕이면 더 많은 사람이 검색하는 키워드로 포스팅하는 게 유리하기 때문이다.

연관 검색어를 확인하자

다시 네이버 검색광고의 '키워드 도구' 검색 화면으로 돌아가자. 이 데이터를 활용하는 방법이 하나 더 있다. 각 키워드의 검색량을 보여주는 결과 화면을 자세히 살펴보면, 내가 검색한 키워드와 함께 검색되는 관련 단어들의 검색량이 같이 보인다. 이런 단어를 '연관 검색어'라고 한다. 연관 검색어를 분석하면 사람들의 니즈와 원츠를 파악할 수 있다. 이 사례의 연관 검색어 리스트를 살펴보자.

러닝화, 운동화, 등산화 연관 검색어
러닝화 추천, 런닝화 추천, 발편한 런닝화, 가벼운 런닝화
여름 운동화, 걷기편한 운동화, 기능성 운동화, 헬스장운동화,
키높이운동화, 워킹화

자, 러닝화, 운동화, 등산화를 검색하는 사람들의 니즈와 원츠가 보이는가? 러닝화를 검색하는 사람들은 '발 편한', '가벼운'과 같은 니즈가, 운동화를 검색하는 사람들은 '여름', '기능성', '헬스장', '키높이'처럼 계절, 장소, 기능에 대한 니즈가 있음을 알 수 있다. 또한 연관 검색어를 통해 미처 생각하지 못했던 '워킹화'라는 키워드를 발견할 수 있다.

연관 검색어를 분석하여 얻은 정보를 활용해보자. 제품명이나 제품 소개란에 '발 편한 운동화'라는 키워드만 넣어줘도 유입률이 달라질 것이다. 이 키워드에 신뢰를 더하기 위해 이 제품을 신으면 왜 발이 편한지 설명하는 콘텐츠도 함께 만들면 더욱 좋다. 그리고 언제, 어떤 상황에서 신으면 좋을지를 설명하는 내용도 덧붙일 수 있다. 이처럼 연관 검색어를 바탕으로 잠재 고객에게 도움이 되는 콘텐츠를 만들어나가면 된다.

✳ 잠재 고객에게 먼저 다가가기

콘텐츠를 만들어서 뿌려놓고 고객이 찾아오기만을 기다리고 있기엔 조바심이 난다면, 내가 직접 찾아가는 방법도 있다. 인스타그램에서 많이 사용하는 방법으로, 나와 관심사가 비슷한 사람들을 찾아가 먼저 '좋아요'를

누르고 팔로우한 뒤 '저도 팔로우해주세요'라고 요청하는 방식이다. 사실 모든 온라인 채널의 원리는 같기 때문에 이 방식으로 블로그도 키울 수 있다. 특히 블로그는 전문 분야가 명확한 블로거들이 많기 때문에 명확한 잠재 고객을 찾기에도 좋다.

네이버에서 잠재 고객 찾는 법

내 고객은 어디에 있을까? 내 잠재 고객을 찾는 가장 쉬운 방법은 바로 경쟁 블로그를 찾아보는 것이다. 경쟁 블로그에 이웃 신청을 해두면 좋은 점이 두 가지가 있다. 첫 번째로 나와 유사한 주제를 다루기 때문에 업계 동향이나 트렌드를 파악할 수 있고, 그들의 콘텐츠를 벤치마킹할 수도 있다. 두 번째는 잠재 고객 확보에 도움이 된다는 점이다. 경쟁 블로그와 소통하는 사람들은 이 주제에 관심이 있는 사람들이다. 즉, 나의 잠재 고객이기도 하다는 뜻이다. 패션 주제의 블로그에 댓글을 다는 사람들은 패션에 관심이 많을 것이다. 블로그 마케팅 책 리뷰에 댓글을 단 사람들은 블로그를 열심히 하고 있을 확률이 높다. 그들의 아이디를 하나씩 클릭해서 블로그에 방문하고 이웃 신청까지 해두자. 아마 그들이 내 글을 좋아해줄 확률도, 내 고객이 될 확률도 높을 것이다.

나처럼 교육업을 하거나 지식 콘텐츠를 가지고 있는 사람들은 관련 도서나 강연 후기를 살펴보는 것도 좋다. 10년 넘게 교육을 하면서 알게 된 건 공부를 하는 사람이 더 하고 책을 읽는 사람이 더 읽는다는 점이다. 1년에 책을 한 권도 안 읽는 사람이 책을 사게 하는 것보다, 1년에 책을 10권 읽는 사람을 20권 읽게 하는 게 더 쉽다. 이런 고객의 특성을 기반으로 생각해보면 이미 관련 분야의 책을 읽고 강의를 듣고 있는 사람이 내 책과 강의에도 돈을 지불할 확률이 높다.

잠들기 전, 홍보를 위해서 무엇을 더 할 수 있을까 고민될 때마다 '퍼스널 브랜딩' 책을 검색했다. 관련 책을 읽고 리뷰를 남기는 사람은 당연히 '퍼스널 브랜딩'에도 관심이 있으리라 생각했기 때문이다. 이런 방식으로 새로운 블로그를 찾아서 이웃 신청을 했고, 그들이 작성한 리뷰를 읽다 보면 퍼스널 브랜딩 중 어떤 내용을 중요하게 여기는지, 퍼스널 브랜딩에 대해 어떻게 생각하는지 알 수 있었다. 잠재 고객도 찾고 그들의 구체적인 니즈도 알 수 있는 유용한 방법이다. 이렇게 발견한 니즈를 바탕으로 새로운 콘텐츠를 만들 수도 있고, 제품과 서비스를 업그레이드할 수도 있다. 다시 한번 강조하자면, 고객이 가진 문제를 해결해주는 콘텐츠를 만들어야 사람들이 날 신뢰하고 기꺼이 지갑을 연다. 이 사실을 꼭 명심하자.

고객과 꾸준히 소통하는 법

마케팅 퍼널을 다시 떠올려보자. 과거에는 고객이 제품을 구매하는 것까지가 중요했다면, 이제는 구매 이후의 활동도 중요하다. 재구매하거나 주변 사람에게 추천할 수 있기 때문이다. 얼마 전에 진행했던 오프라인 강연이 끝난 후 블로그에 후기를 쓰겠다고 이야기하는 분들이 많았다. "작성하시고 꼭 제 블로그에 댓글 남겨주세요"라고 말씀드렸다. 그들의 후기를 읽고 싶었기 때문이다. 감사하게도 블로그에 정성스럽게 강연 후기를 적어주셨고 내 글에 댓글도 남겨주셨다. 나도 그분들의 블로그에 방문해서 '좋아요'와 감사하다는 댓글을 남기고, 이웃 신청까지 완료했다. 오프라인에서 만난 인연을 온라인에서 이어가기 위함이다.

시간이 날 때마다 네이버와 인스타그램에서 내가 쓴 책《SNS로 돈 벌기》를 검색한다. 책을 읽어준 것도 고마운데, 후기까지 남겨주셨다면 감사의 표현을 하는 것이 당연하기 때문이다. 책 후기를 읽으면서 독자분들이 내 책의 어떤 부분을 좋아하는지, 아쉬운 점은 무엇인지도 파악할 수 있어 좋았다. 실용서라 그런지 책 후기 중 중요한 부분을 노란색 하이라이트로 표시한 것이 매우 유용하고 좋다는 의견이 많았다. 미처 생각하지 못했던 부분이었다. 사람들이 좋아하는 포인트를 새롭게 발견한 것 같아서 기뻤다. 도서관에서 책을 빌려서 보신 분들도 꽤 많았는데, 유용하고 소장 가치가 있다며 구매하겠다는 리뷰도 있었다. 이런 후기를 볼 때마다 어떻게 그냥 지나칠 수 있겠는가. 읽어주셔서, 구매해주셔서 감사하다는 메시지를 정성스럽게 남겼다. 그러자 사람들은 '저자가 직접 블로그에 방문해서 댓글까지 남겨줘서 감사하다'는 답글을 남겨주셨다.

사람들이 많이 간과하는 부분이 있다. 판매 수치를 높이고 새로운 고객을 많이 늘리는 것만 중요한 게 아니다. 더 중요한 것은 이미 내 제품을 구매해준 사람, 나와 내 브랜드에 돈과 시간을 쓴 사람들이다. 책을 한 권도 읽지 않은 사람에게 책을 팔기 어렵듯이, 한 번도 구매한 적 없는 상품에 돈을 쓰게 하기란 정말이지 쉽지 않은 일이다. 그걸 해내기 위해 블로그에 무수히 많은 콘텐츠를 쌓아두고 그들을 설득하는 것이다. 하지만 한 번이라도 구매한 적 있는 사람이 이후 2번, 3번 재구매할 확률은 훨씬 더 높다. 물론 그 브랜드에 만족감을 느꼈을 때 가능한 일이다. 우리가 기존 고객에게 정성을 쏟아야 하는 이유다. 이런 수치를 꼭 따지지 않더라도 나를 찾아와준 고객에게 감사의 마음을 가지는 건 당연한 일 아닌가. 그들에게 진심으로 감사의 마음을 표현하자. 진심은 통한다.

이때 활용하면 좋은 블로그 기능이 있다. 바로 블로그 '이웃 관리' 기능이다. 네이버 블로그는 이웃을 그룹으로 나누어 관리할 수 있다. 내가 관심이 있어서 먼저 찾아보고 구독한 사람, 내 상품을 구매한 사람, 경쟁 블로그에 댓글을 달았던 사람 등 다양하게 나눠서 이웃 그룹을 지정해두는 것을 추천한다. 나는 유튜브 구독자, 컨설팅을 받았던 사람, 특강을 들었던 사람, 퍼스널 브랜딩에 관심 있는 사람 등으로 세분화해서 그룹을 정리했다.

네이버 블로그 모바일 앱에서는 이웃들의 새 글이 보이는 피드 화면을 이웃 그룹별로 지정해서 볼 수 있다. 컨설팅을 받았던 고객들의 블로그를 살펴보고 싶으면 '컨설팅' 그룹만 지정해서 새 글을 확인하면 된다. 보통 한 번의 컨설팅을 마치고 나면 인연을 이어가기가 쉽지 않다. 하지만 이렇게 가끔 블로그에 들러서 '좋아요'와 댓글을 남기면 많이들 반가워하신다. 자신의 블로그에 굳이 방문해서 관심을 가져주는 것이기 때문이다. 고마운 인연을 계속해서 이어나가기 위해, 생각날 때마다 기존 고객들의 블로그를 방문하는 편이다.

신규 고객을 적극적으로 찾아 나설 때도 이웃 그룹은 유용하다. 경쟁 블로그의 댓글이나 도서 리뷰를 통해 알게 된 블로그는 '퍼스널 브랜딩'이라는 주제에 관심이 있는 사람으로 볼 수 있기 때문에 '퍼스널 브랜딩에 관심이 있는 사람'이라는 그룹으로 한데 묶어두었다. 만약 퍼스널 브랜딩 특강을 홍보해야 한다면? 내 블로그에 관련 포스팅을 한 다음, '퍼스널 브랜딩 관심' 그룹 사람들의 최신 글에 댓글을 달면 된다. "제 특강 들으러 와주세요"라고 적극적으로 홍보하지 않아도 자연스레 "어, 이 사람 특강을 하네?"라고 반응해주실 분들이다. 실제로 지난 수년간 강의를 홍보해야 할 때 이 방법을 사용했고, 노골적이지 않게 신규 고객을 확보할 수 있었다.

상업적 목적이 있더라도 호감형 닉네임 사용하기

지금 내 블로그 이웃 신청 목록을 살펴보니 '강남○○안과', '홍천○된장'이라는 닉네임이 보인다. 클릭해보지 않아도 알 수 있다. 기업에서 운영하는 홍보용 계정이다. 물론 블로그 마케팅을 하는 입장에서 왜 저런 닉네임을 사용하는지는 충분히 이해가 된다. 직관적으로 상호명을 드러내는 것이 유리할 수 있기 때문이다. 검색으로 유입되는 경우에는 저런 유형의 닉네임을 쓰는 것이 전혀 문제가 되지 않는다. 하지만 서로이웃을 신청할 때는 이야기가 달라진다. 상대방이 내 닉네임을 보고 수락할지 말지를 판단하기 때문이다. 이때 상호명을 직관적으로 쓴 닉네임은 불리하게 작용한다. '이 블로그는 광고성 게시물을 올리겠구나'라고 생각하기 때문에 이웃 수락을 하지 않을 가능성이 크다.

그럼 어떻게 해야 할까? 개인 사업자라면 사장님이 직접 운영하는 느낌을 주는 닉네임이 좋다. 즉 '기업이나 브랜드'보다 '사람'이 드러나는 닉네임 사용을 추천한다. 나의 경우도 '비스타'라는 회사명을 그대로 쓰지 않고 한동안 '비스타 김인숙'이라는 닉네임을 사용했다. '비스타'라는 회사명과 함께 '김인숙'이라는 사람도 동시에 드러낸 것이다. 회사의 공식 블로그라는 느낌보다 '김인숙'이라는 사람이 운영하는 블로그라는 느낌을 주었기에 블로그를 성장시키는 데 어려움이 없었다.

나처럼 강의를 주로 하는 사람이나 전문직 종사자들은 실명을 사용할 때 신뢰도가 높아질 수 있다. 친근감도 중요하지만 신뢰가 더 중요하다고 판단된다면 실명과 수식어를 잘 조합해보자.

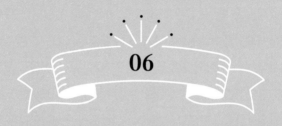

블로그가 정말
돈이 되나요?

얼마 전, 한 인플루언서 친구와 대화를 나눴다. 유튜브, 인스타그램, 블로그를 모두 운영하고 있으며 팔로워 수만 수십만 명인 친구였다. 요즘 SNS로 돈 버는 콘텐츠가 난무하지 않냐며, 자기에게도 그런 걸 알려주는 강의를 해달라는 요청이 많이 들어온다고 했다.

"유튜브나 인스타그램으로 돈 벌 수 있지. 근데 그걸 누구나 할 수 있다고 말하는 건 아니지 않아? 유튜브, 인스타그램은 잘할 수 있는 사람이 한정적이야. 돈까지 벌 수 있는 사람은 더 소수고. 사실 누구나 돈 벌 수 있는 건 블로그 하나밖에 없다고 생각해. 블로그는 적은 액수라도 누구나 벌 수는 있잖아."

나도 동의한다. 퍼스널 브랜딩을 목적으로, 혹은 1인 기업으로 돈을 벌고 싶어서 컨설팅을 받으러 오는 사람들에게 적합한 채널을 추천하곤 하는데, 평범한 사람이라면 무조건 블로그부터 시작하라고 권한다. 친동생과 남편도 그렇게 블로그를 시작해서 지금은 제법 쏠쏠한 성과를 얻고 있다. 돈을 벌고 싶은데 뭘 해야 할지 모르겠다면 일단 블로그부터 시작해도 된다. 정말이다. 블로그는 분명 돈이 되고, 누구나 할 수 있는 플랫폼이기 때문이다.

본격적으로 블로그로 돈 버는 다양한 방법을 하나씩 살펴보도록 하자. 아, 미리 강조하고 싶은 이야기가 있다. **'방문자 수가 많은 블로그'가 꼭 많은 돈을 벌어다 주는 건 아니다.** 사람들은 이상하게 숫자에 집착하는 경향이 있다. 방문자 수가 많으면 여러모로 좋을 수는 있지만, 그게 절대적이지 않다는 사실을 미리 알았으면 좋겠다. 방문자 수가 적어도 다양한 방식으로 수익을 창출할 수 있기 때문이다. **본질은 숫자가 아니다. 콘텐츠와 전략, 접근 방식이 더 중요하다.**

돈 안 쓰고 즐기기 - 체험단

　전문 분야도 없고 블로그에 뭘 올려야 할지 모르던 시절, 자기 계발에 매진하고 있었기에 책 리뷰를 하나둘씩 올렸다. 그러다 보니 책을 리뷰하는 블로거들과 소통하게 되었고, 자연스럽게 책과 관련된 다양한 기회가 있다는 사실을 알게 되었다. 출판사에서 서포터즈 개념으로 블로거들을 모집한다는 것도 그때 처음 알았다. 블로그에 후기만 써주면 책을 정기적으로 무상 제공 해준다는 것이다. 책 살 돈도 아까워 도서관에서 빌려 보는 마당에 신간을 받아 볼 수 있다니, 너무 좋은 기회였다. 블로그 방문자 수는 많지 않지만, 책 리뷰가 꽤 쌓여 있었던 덕에 서포터즈에 합격했고 한동안 무료로 출판사에서 책을 받아 볼 수 있었다. 책 리뷰가 쌓이자 다양한 출판사에서 쪽지와 메일로 책을 보내주겠다는 연락이 왔다. 한동안 이 방식으로 다양한 책을 무료로 원 없이 읽을 수 있었다.

　주변을 보니 내가 책을 협찬받듯 음식점이나 미용실을 협찬받는 사람들이 있었다. 나도 책 말고 좀 더 실용적인 것들을 협찬받고 싶어졌다. 지방에서 서울로 올라와 대학 생활을 하다 보면 돈 한 푼이 아쉽다. 고등학생 땐 서울로 대학을 가기만 하면 주말마다 문화생활을 즐기고 맛있는 음식을 먹으러 다닐 줄 알았는데, 현실은 과외해서 번 돈으로 월세 내고 교통비 내면 빠듯했다.

일단 음식점을 협찬받고 싶으니 음식 리뷰를 올려야겠다고 생각했다. 당시 강남 지역에서 독서 모임을 운영했던 터라 강남 일대의 음식점 후기를 한두 개씩 올리기 시작했다. 그때부터 서울 지역의 여러 음식점에서 밥 먹으러 오라는 쪽지가 왔다. 친구들을 만날 땐 협찬받은 음식점에서 식사를 했고, 때가 되면 미용실에 가서 무료로 머리를 했다. 태어나서 처음으로 에스테틱도 방문했다. 물론 관리받는 과정을 사진으로 남기는 게 부끄럽긴 했지만, 내 돈 주고 가기엔 부담스러운 곳이니 그 정도는 감수할 수 있었다.

그 시절엔 뮤지컬 공연도 원 없이 봤다. 뮤지컬 〈삼총사〉는 VIP석에서 세 번이나 봤다. 시간이 날 때마다 네이버에 '뮤지컬 체험단'을 검색해서 응모했다. 일부러 경쟁이 치열하지 않은 시간대인 평일 낮 4시 타임으로 신청했더니 당첨 확률이 높았다. 당첨되었을 땐 S석이었는데 막상 현장에 가보니 VIP 좌석이 비어 있다며 좌석을 업그레이드해주기도 했다. 블로그에 리뷰를 써줄 사람이니 조금 더 신경 써준 게 아닐까 싶다.

결정적으로 결혼할 때도 '스드메(스튜디오, 드레스, 메이크업)'를 협찬받았다. 내 블로그와 웨딩 카페에 글을 다섯 개 올려주는 조건이었다. 최근에 내 강의를 들었던 친구도 결혼을 준비하면서 블로그 덕분에 '드레스, 메이크업'을 무료로 진행했다고 한다. 놀라운 점은 우리 둘 다 블로그 일 방문자 수가 500명이 되지 않았다는 사실이다. 노출이 잘되는 '최적화 블로그' 상태가 되거나 콘텐츠만 설득력 있게 잘 만들 수 있으면 이렇게 수백만 원어치의 상품도 지원받을 수 있다.

여기서 꼭 참고해야 할 사항이 한 가지 있다. 지금은 한 분야의 글을 집중적으로 써야만 블로그가 성장하는 시기이기 때문에 체험단, 협찬을 생각하고 블로그를 운영하더라도 분야를 정하는 게 좋다. 초보자라면 내가 관심 있는 분야의 리뷰 콘텐츠부터 시작해보기를 추천한다. 제품을 무료로 지원받을 수 있기 때문에 돈이 절약되고, 다양한 브랜드와 상품을 경험하며 느끼는 재미가 쏠쏠하다. 또 리뷰 콘텐츠를 쓰다 보면 자연스럽게 블로그 글쓰기 훈련이 된다. 사진 찍는 실력도 좋아진다. 블로그뿐만 아니라 온라인 세상에서 경쟁력을 갖추려면 글쓰기와 사진 실력은 뛰어날수록 좋으니 당장 블로그로 뭔가를 하지 않더라도 대단한 수확이다.

요즘은 블로그 체험단을 모집하는 사이트가 굉장히 많다. 블로그를 시작한 지 얼마 되지 않았다면 경쟁률이 낮은 것부터 하나씩 도전해보며 차차 원하는 품목으로 넘어가면 된다. 다만 주의할 점이 있다. 체험단을 통해 제품을 무상으로 제공받았다면, 글 하단에 대가성 포스팅이라는 사실을 밝혀야 한다.

몇 년 전 유튜브 뒷광고 논란으로 인해 관련 법이 모두 강화되었다. 공정위 가이드라인에 따라 '이 글은 광고주로부터 제품을 제공받아 작성되었습니다'와 같은 문구를 꼭 넣어야 한다. 포스팅마다 같은 문구를 반복적으로 사용하면 블로그 품질에 악영향을 주기 때문에 해당 문구를 이미지로 만들어 사용하거나 블로그 포스팅용 이모티콘 스티커를 구입해서 사용하는 방법을 추천한다. 특히 손글씨 스티커를 사용하면 공정위 가이드라인을 준수하면서도 상대적으로 친근하게 보일 수 있다. 네이버 OGQ 마켓에 가면 리뷰 콘텐츠 발행에 필요한 문장이나 귀여운 이미지들을 이모티콘 스티커 형태로 판매하고 있다. 살펴보고 마음에 들면 구매해서 다양하게 활용해보자.

블로그의 모든 게시물이 대가성 콘텐츠라면 블로그가 잘 성장하지 않을 수 있다. 평소에 관심 분야의 내돈내산 콘텐츠를 쌓아나가면서 체험단도 적절히 잘 이용하는 편이 좋다.

체험단 지원하는 법
- 레뷰, 스토리앤미디어, 강남맛집 - 블로그 체험단, 디너의여왕, 체험단닷컴, 리뷰플레이스 등의 사이트에서 지원한다.
- 카카오톡 오픈채팅방에서 '체험단'이라고 검색하면 지역별로 모집하는 방이 있으니 들어가 있으면서 정보를 받아 보면 된다.

리뷰 포스팅용 스티커 구입하는 법
- 네이버 OGQ 마켓(oggmarket.naver.com)에 접속한다. 검색창에 '리뷰' 혹은 '블로그', '포스팅' 등을 검색하여 나오는 이모티콘 스티커를 둘러보고 그 중 마음에 드는 걸 구입한다. 평균 1,500원 정도 한다.
- 네이버에서 '블로그 스티커 추천'을 검색하면 다른 블로거가 추천한 스티커들을 살펴볼 수 있다.

최근 블로그에 '내돈내산' 기능이 추가되었다. 블로그 포스팅을 할 때 상단 메뉴에서 '내돈내산'을 클릭하면 네이버 쇼핑으로 구매했거나 네이버 예약으로 방문한 곳의 리스트가 나온다. 네이버에서 구매 인증을 한 쇼핑 리스트를 기반으로 리뷰를 작성하는 것이기 때문에 굳이 '내돈내산'이라는 표현을 쓰지 않아도 사람들이 신뢰할 수 있는 콘텐츠를 만들 수 있다.

사람들은 언제나 광고보다 신뢰할 수 있는 진짜 후기를 원한다. 내돈내산 리뷰 콘텐츠는 노출에도 긍정적인 영향을 줄 것으로 예상해볼 수 있으니 적극적으로 활용해보자.

블로그가 유튜브나 인스타그램보다 진입 장벽이 낮은 이유

유튜브는 자신만의 콘텐츠가 분명하거나 캐릭터가 있어야 한다. 아니면 스토리텔링 능력이라도 있어야 다양한 지식을 재편집해서 올릴 수 있다. 하지만, 그런 능력이 있다면 어떤 채널이든 다 잘할 가능성이 높다.

인스타그램은 경쟁이 치열하다. 사진 한 장만 올리면 시작할 수 있기 때문에 자칫 진입 장벽이 낮아 보이지만, '좋아요'와 '맞팔'을 요청하러 하루 3~4시간씩 다른 계정들을 찾아다니다 보면 슬슬 현타가 온다. 현타를 느끼며 열심히 작업하면 팔로워 1,000명은 만들 수 있으나, 수익화로 이어질 확률은 매우 낮다. 결국 인스타그램도 자신만의 확고한 콘셉트가 있어야 살아남을 수 있는 곳이기 때문이다.

이런 분들에게 추천해요

- 나만의 전문 분야가 명확하지 않은 사람
- 일단 블로그를 가볍게 시작하면서 방법을 익히고 싶은 사람
- 돌아다니는 것을 좋아하고, 사진 찍는 걸 즐기는 사람

치킨 한 마리 값을
벌 수 있는 세 가지 방법

＊ 네이버 애드포스트

네이버 애드포스트는 네이버에서 제공하는 공식적인 수익 창출 방법이다. 방문자가 블로그 글 중간이나 하단에 있는 광고 배너를 클릭할 때마다 돈이 들어온다. 클릭을 많이 할수록 큰 금액을 벌어들일 수 있기 때문에 노출량과 클릭률이 중요하다.

과거에는 금액이 매우 적었지만, 최근 네이버 인플루언서 제도가 생기면서 인플루언서들은 한 달에 50만 원에서 수백만 원까지 벌어들이기도 한다. 일단 첫 목표 수익을 5만 원 정도로 잡는 것을 추천한다. 애드포스트에서 수익을 자동으로 지급받을 수 있는 최소 기준 금액이 5만 원이기 때문이다. 수익 자동 지급 설정을 해두면 수익이 누적 5만 원이 되었을 때 내통장으로 돈을 입금해준다. 그러니 처음엔 5만 원을 목표로 하되 차차 목표금액을 높여보자.

애드포스트 조건 및 신청 방법

모든 블로그에 광고 배너가 있는 건 아니다. 일정 조건이 충족되어야 광고 배너를 달 수 있다. 블로거가 직접 애드포스트 신청을 해야 하며, 신청하면 심사 후 합격 여부를 알려준다. 심사 통과 기준은 운영 기간, 방문자 수, 페이지뷰(사람들이 내 블로그의 글을 몇 페이지 읽었는가), 게시글 수 등을 바탕으로 평가한다고 한다. 물론 네이버에서 공식적으로 명확한 가이드라인을 제공하고 있지는 않기 때문에, 사람들이 이야기하는 여러 가지 사례를 바탕으로 기준을 잡아야 한다. 통상적으로 블로그 개설 3개월 이상, 글 50개 이상, 일 방문자 수 100 이상이라는 이야기가 많다. 대략 이 정도면 된 것 같다 싶을 때 일단 애드포스트 심사 신청을 하면 된다. 탈락해도 괜찮다. 또 열심히 포스팅하다가 그다음 달에 재검수 요청을 하면 된다. 애드포스트 신청은 네이버에서 '애드포스트'를 검색한 후 사이트에 접속해서 진행하면 된다.

애드포스트 수익 극대화 방법

애드포스트 수익을 늘리는 방법은 세 가지가 있다. 첫 번째 방법은 포스팅 수를 늘리는 것이다. 광고 배너를 클릭할 때마다 수익이 생기는 구조이기 때문에 글 발행량이 많아지면 그만큼 광고량도 늘어난다. 물론 키워드를 적절히 잘 사용하여 블로그 자체에 사람들이 많이 들어오도록 만드는 것도 중요하다.

두 번째 방법은 네이버 인플루언서가 되는 것이다. 네이버 인플루언서가 되면 프리미엄 광고 배너를 달 수 있게 된다. 클릭당 광고 비용이 더 비싼 광고를 달 수 있기 때문에, 인플루언서가 된 후에 애드포스트 광고 수익이 늘었다는 블로거들의 후기를 쉽게 찾아볼 수 있다.

세 번째 방법은 광고 단가가 높은 키워드를 찾아 포스팅하는 것이다. 애드포스트를 설정하면 블로그 글의 중간이나 아래에 파워링크 광고가 삽입된다. 누군가가 각각의 광고를 클릭할 때마다 돈이 들어오는데, 광고마다 단가가 다르다는 것이 핵심이다. 광고비는 네이버에서 지급하는 게 아니라 해당 광고를 집행하는 기업에서 주는 것이기 때문이다. 경쟁이 치열한 키워드나 기업이 광고를 집행하는 키워드는 상대적으로 광고비가 비싸기 때문에 관련 글을 쓰는 블로거의 애드포스트 수익이 더 클 확률이 높다. 대표적으로 IT나 자동차, 경제와 부동산 관련 광고 키워드는 값이 더 비싸므로 이러한 주제로 글을 쓰는 것도 한 가지 방법이 될 수 있다.

✳ 기자단 (원고료)

블로그 방문자 수가 많아지고 검색 노출이 잘되는 상태가 되면 다양한 곳에서 원고 협업 제안이 들어온다. 흔히 '기자단'이라 부르거나 수익 형태에 이름을 붙여 '원고료'라고도 말한다. 원고료 수익은 기업이나 기관이 홍보 포스팅을 요청하고 그에 대한 원고료를 지급하는 것으로, 적게는 5천 원부터 많게는 15만 원까지 금액대가 다양하다. 물론 블로그 규모나 블로거의 영향력에 따라 그 이상을 받을 수도 있다.

블로그 체험단 지원 사이트에서 기자단을 같이 모집하는 경우도 있으나, 금액이 매우 저렴하기 때문에 굳이 추천하지는 않는다. 득보다 실이 많기 때문이다. 기자단의 경우 체험단과 달리 제품을 직접 사용하거나 경험해보지 않고도 포스팅을 할 수 있도록 업체 측에서 내용과 사진을 제공한다. 약간 수정해서 글을 작성한다고 해도 업체에서 제공한 기본 내용과 완전히 다를 수는 없기 때문에 결국 블로그 품질을 저하시키는 원인이 된다. 5천 원 벌려다가 블로그가 아예 망가지게 되는 것이다.

그럼 어떻게 해야 할까? 전문 분야를 명확하게 정한 뒤 꾸준히 양질의 포스팅을 하다 보면 원고 협업 제안 메일이 올 것이다. 보통 광고대행사에서 내 블로그의 방문자 수와 콘텐츠의 질을 다방면으로 검토한 다음 직접 연락하는 경우가 많다. 광고주의 홍보 콘텐츠를 잘 만들어줄 만한 블로거를 확보해야 하기 때문이다. 이때, 모든 제안을 덥석 수락하기보다는 아이템과 제안 사항을 충분히 검토한 다음 수락하는 것이 좋다. 제안하는 곳에서 글과 사진을 제공해준다고 해도 절대 사용하지 말고, 내용을 직접 작성하겠다고 말해야 한다. 그래야 블로그가 망가지지 않기 때문이다. 모든 협의가 끝났다면 관련 포스팅을 해주고 돈을 받으면 된다.

직접 경험이 중요한 여행, 음식, 뷰티 분야보다 지식과 정보를 주로 다루는 경제 분야 인플루언서에게 특히나 이런 기회가 많다. 그러니, 원고료와 네이버 애드포스트 수익으로 월 100만 원 이상의 수익을 올리고 싶다면 경제 분야 인플루언서를 목표로 잡는 것도 괜찮은 방법이다. 경제 분야라고 해서 어렵게 생각할 필요 없다. 예금, 적금, 세금 등의 금융 지식이나 재테크, 부동산 정보를 공부해서 쉽게 콘텐츠로 만들면 되기 때문이다. 돌아다니면서 무언가를 체험하고 사진 찍는 건 힘들고, 글만 써서 돈을 벌고 싶다면 경제 분야를 꼭 한번 살펴보자.

✳ 제휴 마케팅 (어필리에이트)

며칠 전, 벼르고 벼르다 식기세척기를 구입했다. 남편이 제품을 검색한 후 쿠팡에서 구매하겠다고 하길래 '잠깐 스톱!'을 외쳤다. 쿠팡 파트너스를 이용하면 결제 수수료 3%를 받을 수 있기 때문이다. 식기세척기의 금액은 약 70만 원으로, 이 경우 21,000원의 수수료를 받을 수 있다. 남편 아이디로 빠르게 쿠팡 파트너스에 가입하고 남편의 블로그에 포스팅했다. 그다음 블로그에 남긴 제품 링크를 통해 식기세척기를 구매하여 제휴 마케팅 수수료로 21,000원을 돌려받았다.

제휴 마케팅은 기업의 제품이나 서비스를 홍보, 판매하는 대가로 광고주에게 수수료를 지급받는 방법을 말한다. 기업 대신 제품을 팔아줬으니 수수료를 받는 것이라고 생각하면 쉽다. 대표적인 플랫폼으로 '쿠팡 파트너스'가 있으며, 해외에는 '아마존 어소시에이트'가 있다. 쿠팡과 아마존에서 제휴 마케팅이 발달한 이유는 '거의 모든 제품'을 판매하기 때문이다. 워낙 다양한 제품을 판매하는 플랫폼이기 때문에 내가 어떤 분야의 글을 쓰든 관련 제품이 있기 마련이다. 그 제품의 링크를 글에 추가하기만 하면 된다. 내 글을 본 누군가가 내가 제공하는 링크를 타고 넘어가서 제품을 구매하면 수수료를 받을 수 있다.

이러한 시스템은 내가 상품을 구매할 때도 똑같이 적용할 수 있다. 조금은 수고스럽지만 내가 구매할 제품의 쿠팡 파트너스 링크를 만든 다음, 그 링크에서 구매하면 수수료 3%를 돌려받을 수 있다. 한 걸음 더 나아가서 그 링크로 또 다른 사람이 제품을 구매한다면? 가만히 앉아서 판매 수수료를 벌어들일 수 있는 것이다.

이런 이유로 한때 쿠팡 파트너스를 하기 위해 블로그를 시작하는 사람이 많았다. 문제는 이런 제휴 마케팅 포스팅이 많은 블로그는 네이버가 좋아하지 않는다는 점이다. 특히 제품을 직접 사용해보고 정성스럽게 적은 글이 아닌, 단순 추천 포스팅에 제휴 마케팅 링크만 달랑 적어둔 글이 블로그의 대부분을 차지하고 있다면 유용한 정보를 제공하는 블로그라고 판단하기 어렵다. 자연스럽게 블로그 지수가 떨어지고, 최악의 상황에는 저품질 블로그가 되어 노출이 아예 안 될 수도 있기 때문에 추천하고 싶은 방법은 아니다.

가장 좋은 방법은 직접 사용해본 제품의 리뷰를 포스팅하고, 그 제품을 구매하고 싶은 사람들에게 자연스럽게 쿠팡 파트너스 링크를 제공하는 것이다. 리뷰를 보러 온 사람은 해당 제품에 관심이 있는 사람일 확률이 높기 때문에 링크를 통해 제품을 구매할 확률도 높다. 이 수수료가 쌓이면 한 달에 몇만 원에서 수십만 원의 이익이 생길 수 있다. 제휴 마케팅은 유튜버들도 많이 활용한다. 영상에서 소개한 제품의 쿠팡 제휴 마케팅 링크를 '더보기'에 넣어두는 식이다. 이때 '링크를 통해 제품을 구입할 경우 나에게 이익이 생길 수 있다'는 문구를 꼭 삽입해야 한다.

제휴 마케팅은 손쉽고 간편한 블로그 수익화 방법이지만 그만큼 위험이 따른다. 쿠팡 파트너스로 많은 돈을 벌었다는 블로거들의 사례에 너무 혹하지 말자. 몇 개의 글이 잘 노출되어서 돈을 꽤 벌었을 수도 있으나, 장기적으로 그 블로그가 안전하게 운영될 수 있을지는 미지수이기 때문이다. 제휴 마케팅을 꼭 하고 싶다면 정성스럽게 작성한 '진짜' 제품 리뷰 글에만 넣고, 한 달에 한 번 정도만 작성하는 것을 추천한다.

이런 분들에게 추천해요

- 블로그로 작게라도 돈을 벌고 싶은 사람
- 블로그를 부업 개념으로 생각하는 사람
- 내가 쓰고 싶은 글이 아니더라도 목적성을 가지고 글을 쓸 수 있는 사람

영향력 높여서 기회 만들기

나는 블로그를 하다가 마케팅 일을 제안받았다. 내가 어떤 일을 하는 사람인지 사람들에게 알리면 관련된 기회가 많아진다. 당연한 원리다. 사업하는 대표들이 아침 일찍 조찬 모임에 나가고 각종 네트워킹 모임에 참석하는 것은 결코 허튼짓이 아니다. 사업하는 내 친구는 조기 축구회 멤버들을 통해 수많은 일을 연결받는다. 사람을 만나면 기회가 늘어난다. 이 원리를 잘 이해해야 한다.

블로그로 돈 벌기의 핵심은 방문자 수가 아니다. 영향력이고 인지도다. 방문자 수가 많다면 앞서 이야기한 체험단이나 애드포스트, 원고료 수익을 벌 수 있다. 그걸로도 한 달에 200만~300만 원은 충분히 벌 수 있지만, 그 이상 버는 데에는 한계가 있다. 하지만 영향력이 생기면 그 이상도 너끈히 가능하다.

영향력을 설명하려면 먼저 '브랜딩'을 이해해야 한다. 브랜딩이 되었다는 건 많은 사람이 나를 신뢰하고 있다는 뜻이다. 전 국민이 나를 알 필요는 없다. 시작은 내 주변 지인들 정도로도 충분하다. 그들이 나에게 호감과 신뢰감을 가지게 되면, 거기에서부터 기회가 찾아온다. 그런 사람들의 숫자를 차근차근 늘려갈 수 있게, 다시 말해 나를 더 탄탄하게 브랜딩해주는 것이 블로그의 역할이다. 글만 읽고 나가버리는 10,000명보다 꾸준히 내 글을 읽으러 와주는 200명이 더 중요한 지표일 수 있다는 사실을 꼭 기억하자.

✳ 지식창업하기

영향력으로 돈을 버는 대표적인 시장이 바로 지식창업이다. 지식과 경험이 돈이 되는 사업으로, 정확하게는 콘텐츠가 돈이 된다고 생각하면 된다. 자칫 낯설게 느껴질 수도 있지만, 이미 우리가 알고 있는 개념이다. 과거에 작가, 강사라고 불리던 직업을 최근 들어 지식창업이라는 하나의 산업으로 묶어서 설명한 것뿐이다. 그만큼 관련 시장이 커졌다는 뜻으로 이해해도 좋다. 시장이 커졌다는 건 돈도, 기회도 더 많아졌음을 의미한다.

블로그는 지식창업 분야의 출발선으로 제격이다. 블로그를 제대로 하다 보면 자연스럽게 한 분야의 전문가가 되기 때문이다. 인테리어를 주제로 콘텐츠를 만들다 보면 자연스럽게 인테리어 분야에서 영향력이 생기고, 부동산 콘텐츠를 만들었다면 부동산 분야에서 인지도가 생긴다. 사람들에게 정말로 도움이 되는 콘텐츠를 만들면 그들은 나에게 신뢰감과 고마운 마음을 갖게 되고, 더 나아가 내가 하는 활동과 일을 지지해준다. 나의 콘텐츠가 그들의 선택에 영향을 주는 단계에 이른다면 비로소 영향력이 생겼다고 볼 수 있다.

온라인에서 무자본 창업으로 돈을 벌었다는 이야기를 한 번쯤 들은 적이 있을 것이다. 대부분의 무자본 창업은 바로 이 지식창업을 의미한다. 엄밀히 말하면 시간과 노력도 필요하고 전문성을 쌓기 위한 공부에 약간의 비용도 들긴 하지만, 물건을 제조하거나 점포를 임대하는 방식처럼 자본이 들지는 않기 때문에 누구나 0원으로도 시작할 수 있다고 말하는 것이다.

지식창업은 누구나 시작할 수 있다. 아직 이렇다 할 전문성이 없어도 가능하다. 하지만 그만큼 본인의 성장에 꾸준히 투자해야 한다. 지금부터 2~3년간 전문성을 쌓아가면서 차근차근 브랜딩도 하고, 돈도 벌고, 커리어도 쌓는다는 생각으로 접근해야 한다. 그래야지만 안정적으로 자리 잡을 수 있다. 내가 공부하는 내용, 과정, 생각 등을 공유하다 보면 자연스럽게 내 콘텐츠에 귀 기울여주는 사람들이 생길 것이다. 다시 한번 말하지만 '꾸준함'이 중요하다. 지름길은 독이 될 수도 있다. 가령 요즘 유행하는 PDF 전자책을 만들기만 하면 돈을 벌 수 있을 거란 막연한 희망을 품고, 다른 사람들이 만들어둔 정보를 대충 짜깁기하는 의미 없는 행동은 부디 하지 않기를 바란다. 당연히 돈도 잘 벌지 못할뿐더러 사람들에게 신뢰를 잃기 때문에 나에게 좋을 게 하나도 없다.

지식창업은 특정 분야의 전문성을 가지고 있는 사람에게 유리하다. 이미 전문성이 있기에 관련 콘텐츠를 훨씬 수월하게 만들 수 있기 때문이다. 하지만 전문가이기 때문에 일반 사람들에게 쉽게 풀어서 전달하기가 어려울 수 있다. 변호사, 회계사, 세무사와 같은 전문가들이 블로그를 시작할 때 가장 많이 하는 실수가 업계의 전문 용어를 가감 없이 그대로 사용하는 것, 그리고 사람들이 궁금해하는 정보보다 자신이 알려주고 싶은 내용에 집중하는 것이다. 그렇기 때문에 전문성이 있는 사람이라도 어떻게 해야 사람들이 원하는 정보를 쉽게 전달할 수 있을지 고민하고 공부해야 한다.

지식창업의 핵심은 '전문성+전달력'이다. 잘 아는 것만큼 잘 전달하는 것이 중요하다는 사실을 꼭 기억하자. 반대로 전문성이 조금 부족하더라도 사람들에게 도움을 줄 수 있다면 오히려 빠르게 성장할 수 있다. 사람들은 대단한 정보, 엄청난 전문 지식을 원하는 게 아니기 때문이다. 블로그를 시작하는 사람들 중 상당수가 '블로그 꾸미기' 같은 기본적인 내용을 검색하는 것만 봐도 알 수 있다. 당신의 분야도, 당신의 사소한 경험도 누군가에게는 유익한 정보가 될 수 있다는 사실만 기억하자. 그렇다면 당신도 지식창업가가 될 수 있다.

지식창업 아이템

대표적으로 책과 강의가 있다. 나의 지식을 '책'이라는 상품과 '강의'라는 서비스로 만드는 것이다.

- **책** : 전자책(PDF), 독립 출판, 기획 출판(출판사와 계약)
- **강의** : 온라인/오프라인, 실시간/VOD, 1회성/다회차 교육, 기업/기관 등 외부 출강
- **기타** : 일대일 상담, 코칭, 컨설팅

이런 분들에게 추천해요

- 내가 아는 것을 사람들에게 알려주기를 좋아하는 사람
- 책 읽고, 공부하고, 글 쓰는 것을 좋아하는 사람
- 남들 앞에서 말하는 직업을 가지고 싶은 사람

✳ 블로그 대행 마케터로 N잡러 되기

　블로그로 수천만 원씩 벌었다는 유튜브 영상을 볼 때마다 '대체 뭘 해서 벌었지?' 싶어 클릭해본다. 블로그 마케팅을 할 줄 아는 능력을 갖추고 대행업을 하는 사람이 대부분이었다. 어떤 식으로든 블로그를 성장시키기만 한다면 당신은 사람들에게 '블로그를 잘하는 사람'으로 인식된다. 아이템은 상관이 없다. 일단 방문자 수를 늘리는 것이 핵심이다. 영화나 드라마 리뷰를 주로 하는 블로거들은 사실상 방문자 수 말고는 내세울 게 없다. 체험단을 할 수도 없고, 관련 지식 콘텐츠를 만들어 판매하기도 힘들다. 하지만 사람들이 많이 검색하는 주제이기 때문에 블로그를 잘 키우기만 한다면 하루에 1만~2만 명 정도의 방문자를 만드는 것도 충분히 가능하다. 도서를 주제로 글을 쓰는 블로거들은 꿈도 못 꾸는 수치다.

　어떤 식으로든 블로그 방문자 수를 늘렸다면 비로소 '블로그를 키우는 능력'이 탑재되었다고 볼 수 있다. 이 능력을 바탕으로 기업의 블로그를 맡아서 키워주면 된다. 사실 기업의 블로그를 마케팅하려면 단순히 키워드를 잘 잡고 글을 잘 써서 상위에 노출시키는 것 이외에도 신경 써야 할 것들이 있다. 하지만 그건 마케팅 책을 보고 공부하거나 경쟁사 블로그를 보면서 벤치마킹해도 된다. 일단 기업의 블로그 마케터가 되면 다달이 최소 몇십만 원에서 몇백만 원씩 받아가면서 일할 수 있다. 부업으로도, 혹은 전업으로도 충분히 괜찮은 수익이다.

　블로그 마케터가 되기 위한 또 한 가지 방법은 마케팅, 비즈니스 관련 공부를 하면서 블로그 콘텐츠를 만드는 것이다. 마케팅과 비즈니스는 감각이 중요하다. 똑같이 공부해도 확실히 빠르게 성과를 내는 사람들이 있다. 일명 수완 좋은 사람들, 이런 사람들이 무섭다. 가능하면 어떻게든 마케팅 대상을 찾아서 성과를 내보자. 부모님이 운영하는 식당을 마케팅하여 매출을 올려줘도 되고, 친구가 하는 옷 가게를 마케팅해줄 수도 있다. 조금이라도 성과가 있다면, 그 과정과 인사이트를 블로그에 기록하자. 분명히 그걸 지켜본 누군가가 당신에게 일을 의뢰할 것이다. 나 또한 그런 과정을 거쳤고, 이런 방식으로 일을 시작하는 케이스를 꽤 많이 지켜보았다.

마케터로 일을 시작했을 때, 나의 첫 업무는 회사의 공식 블로그를 만들어 운영하는 것이었다. 회사와 상품 소개를 시작으로 우리 고객들이 검색할 만한 단어들을 찾아서 관련된 정보성 콘텐츠를 만드는 게 내 일이었다. 내 블로그를 운영하면서 자연스럽게 익힌 스킬들을 적용하기만 했는데도 쉽게 방문자 수를 키울 수 있었고, 일을 의뢰해주신 대표님이 능력자라며 매우 좋아하셨다.

나에게 블로그를 배운 뒤 마케터가 된 친구들이 꽤 많다. 마케터가 될 생각은 딱히 없었는데, 어디를 가나 자꾸 자신에게 블로그 마케팅 일을 시킨다고 했다. 이유는 간단하다. 블로그를 잘하는 사람이니까. 여전히 대부분의 소규모 기업들은 온라인 마케팅에 취약하다. 마케팅 업무를 맡은 실무자를 대상으로 4년째 마케팅 강의를 해오고 있는데, 그들의 이야기를 들어보면 처참하다. 마케터가 없는 회사에 들어갔다가 나이가 가장 어리다는 이유로 마케팅 일을 맡게 되었다거나, 디자이너로 취직했는데 콘텐츠를 만들 수 있다는 이유로 블로그와 인스타그램까지 떠맡게 되었다는 이야기를 종종 듣는다. 단순히 블로그와 인스타그램을 하는 건 쉽지만, 그걸로 마케팅을 하는 건 전문 영역이다. 그런 업무를 그렇게 아무렇게나 맡기다니. 들을 때마다 이해가 잘 안된다. 한편으로는 그렇기 때문에 모두에게 기회가 될 수 있겠다는 생각도 든다. 마케팅 전공자가 아니더라도, 관련 이력이 없더라도 내 블로그를 잘 키운 이력 하나만으로도 누군가는 나에게 일을 줄 수 있기 때문이다.

그렇다면 이런 일은 어떻게 시작할까? 지인을 통해서 자연스럽게 일을 맡는 경우도 많지만, 적극적으로 일을 찾아 나서고 싶다면 블로그에 공지 글을 작성해보자. 내 이웃 중 누군가는 한 회사의 사장이거나, 자영업자거나, 도움이 필요한 담당자일 수 있다. 채용 사이트에서 마케팅 관련 채용 공고를 찾아보는 것도 하나의 방법이다. 작은 기업은 낮은 연봉 때문에 채용이 잘 안되는 경우가 많은데, 그런 기업에 제안서를 보낼 수 있다. 프리랜서로 블로그를 맡아서 운영해줄 수 있다고 먼저 제안하는 것이다. 이 방식으로 직접 영업을 해서 빠르게 월 천만 원 이상의 수익을 내다가 현재는 마케팅 대행사를 운영하고 있는 대표님도 있으니 허무맹랑한 이야기가 아니다. 조금만 적극성을 보이면 분명 기회가 생길 것이다.

크몽이나 숨고와 같은 재능거래 플랫폼에 내 서비스를 올려보는 것도 좋다. 공식 블로그 운영을 대행해준다고 하면 된다. 이런 플랫폼에 '공식 블로그'라고 검색해보면 이미 그 일을 하고 있는 사람들이 정말 많다는 사실을 알 수 있다. 플랫폼에서 시작하게 되면 처음에는 고객을 확보해야 하므로 금액을 저렴하게 잡아야 하지만, 후기가 쌓이고 나서부터는 차근차근 금액을 올려나갈 수 있다.

만약 이런 일이 적성에 잘 맞는 것 같다면 N잡러, 프리랜서가 아니라 아예 마케팅 대행사를 운영할 수도 있다. 특히 한 분야에 집중한다면 다른 업체와 차별화가 가능해진다. 예를 들어 변호사 블로그만을 대행하거나, 병원 블로그만 대행하는 식이다. 한 분야에 집중하여 콘텐츠를 발행하다 보면 자연스럽게 관련 정보를 많이 접하게 되고, 전문 지식도 쌓이게 된다. 그래서 운영하는 블로그의 수를 늘려도 크게 부담되지 않는다. 오히려 분야를 좁힘으로써 더 전문성 있어 보인다는 장점을 얻을 수 있다.

　나는 블로그 대행과 지식창업 두 가지를 모두 다 빠르게 시작했다. 대행 업무는 어렵지 않았지만 재미있지는 않았다. 다른 사람의 블로그를 키워줄 시간에 내 블로그를 키워서 내 사업을 하는 게 더 좋겠다고 생각했기 때문이다. 지금은 블로그를 포함하여 마케팅, 브랜딩 대행 업무는 하지 않고 전략을 세워주는 컨설팅이나 단기 프로젝트로 가능한 홈페이지 제작 업무만 진행하고 있다. 만약 내가 블로그 대행 업무를 계속했다면 지금은 꽤 큰 대행사를 운영하고 있을지도 모른다. 정말 많은 사람들에게 일을 해달라는 문의를 받았기 때문이다. 나에게는 대행 업무가 맞지 않아서 그만뒀지만, 누군가에게는 여전히 돈을 많이 벌어다 줄 수 있는 괜찮은 아이템이라고 생각한다.

> **이런 분들에게 추천해요**
> - 마케팅에 관심이 있는 사람
> - 블로그로 비즈니스를 해보고 싶은 사람 (비즈니스 마인드가 있는 사람)
> - 블로그 주제가 꼭 내 콘텐츠가 아니어도 되는 사람

블로그 포트폴리오로 취업하기

블로그로 취업도 할 수 있을까? 물론이다. 마케팅, 디자인, 영상 같은 분야라면 더더욱 유리하다. 마케팅과 콘텐츠 시장에서는 자신의 채널을 운영해본 사람을 더 높게 평가하는 경우가 많다. 블로그 주제와 상관없이 콘텐츠 자체가 나의 실력을 가늠하게 해주는 증거자료가 될 수 있다.

대학생과 취업 준비생들을 대상으로 하는 퍼스널 브랜딩 교육을 많이 했는데, 그때마다 블로그를 하는 게 좋다고 강력 추천했다. 그중 일부는 실제로 블로그 덕에 인턴에 합격하고 취업을 하기도 했다. 한 친구는 자신이 일하고 싶은 산업 분야를 분석하고 가고 싶은 회사 리스트를 뽑아서 하나하나 분석하는 콘텐츠를 블로그에 올려두었다. 방문자 수는 크게 신경 쓰지 않았다. 그리고 결국, 본인이 가고 싶다고 포스팅했던 다섯 회사 중 가장 유명하고 조건이 좋은 곳에 당당하게 합격했다. 블로그 포트폴리오의 핵심은 내가 이 산업에 얼마나 관심이 많은지, 그리고 평소에 얼마나 공부를 많이 하는지 보여주는 것이다. 같은 맥락으로, 왕성하게 대외활동을 하는 대학생들은 대외활동 기록을 무조건 블로그에 남겨두는 게 좋다. 내가 취업하고 싶은 분야나 기업과 관련 있는 경험이라면 절대 놓쳐선 안 된다.

자기소개서의 내용은 부풀릴 수 있다. 가고 싶은 회사가 아니었음에도 오랜 시간 꿈꾸던 기업이라고 말할 수 있다. 하지만 블로그에는 언제 어떤 글을 썼는지 명확하게 남아 있다. 짧게는 몇 달, 길게는 몇 년간의 히스토리를 다 증명할 수 있는 것이다. 커피 회사에 취업하려고 하는데 블로그에 카페 탐방기가 많다면, 출판사에 취업하려는데 블로그에 책 후기와 서점 후기가 가득하다면 어떻게 보일까? 기업 입장에서는 당연히 호감을 느낄 것이다. 블로그 포트폴리오라고 해서 대단한 양식을 갖출 필요는 없다. 나의 관심 분야와 성장 과정이 잘 담겨 있다면 취업에 충분히 도움이 될 수 있다.

뭘 해야 할지 몰라서 막막해하는 친구들에게도 블로그를 포트폴리오라고 생각하고 일단 한번 운영해보라고 권하는 편이다. 뭐라도 쓰다 보면 그 기록이 과정이 되고 히스토리가 된다. 그리고 자연스럽게 취업이든 창업이든 나의 일과 연결될 가능성도 생긴다. 그러니 아직 확실한 진로를 정하지 못했더라도 블로그를 포트폴리오라 생각하고 접근해보자.

이런 분들에게 추천해요
- 대학생, 취업 준비생
- 특히 포트폴리오가 필요한 직업을 희망하는 사람
  (마케터, 디자이너, 포토그래퍼 등)
- 뭘 해야 할지 모르지만, 뭐라도 해야 할 것 같은 사람

내 비즈니스 홍보하기

일반인은 블로그로 부수입 벌기가 꿈이라면 내 사업을 하는 사장님들은 블로그 마케팅으로 매출을 올리는 게 목표일 것이다. 블로그는 고객과의 접점을 늘려주는 하나의 매개체이다. 아무리 인스타그램이 대세라고 해도 여전히 많은 사람이 물건을 사기 직전 혹은 어딘가에 방문하기 전 블로그에 검색한다. 그들을 사로잡을 수 있다면 매출 상승은 시간문제다.

✳ 직접 블로그 운영하기

사업을 새로 시작했는데 블로그를 새로 만드는 게 좋을까? 아니면 소소하게 운영하던 블로그를 그대로 운영하는 게 좋을까? 많이들 하는 고민이다. 사실 정답은 없지만 굳이 기준을 제안하자면, 법인을 만든다면 공식 블로그를 새로 만들고, 개인 사업자로 작게 시작한다면 개인 블로그를 그대로 운영하기를 권한다.

공식 블로그는 고객에게 신뢰를 줄 수 있다. 치킨 프랜차이즈의 마케팅 자문을 할 때, 매장 수가 어느 정도 확보되자마자 공식 블로그를 개설했다. 일반 소비자들을 위한 게 아니라 예비 가맹점 사장님들을 위해서였다. 프랜차이즈는 타깃이 두 가지다. 일반 고객, 그리고 가맹점을 열고 싶어 하는 예비 사장님들. 어떤 프랜차이즈를 선택할까 고민하는 예비 사장님들이 검색해서 볼 수 있는 콘텐츠가 있으면 신뢰도가 올라간다. 물론 홈페이지에 콘텐츠를 올리는 것도 좋지만, 블로그는 접근성이라는 큰 장점이 있기 때문에 공식 블로그를 운영하는 것도 괜찮다. 타깃이 예비 가맹점 사장님이라면 회사의 성장 소식이 주요 콘텐츠가 되어야 한다. 불특정 다수가 많이 방문할 필요는 없기 때문에 굳이 최적화를 시키기 위해 의미 없는 콘텐츠를 발행할 필요도 없다.

위와 같은 목적으로 운영해야 하는 채널이라면 공식 블로그가 필요하다. 단순히 물건을 판매하기 위함이 아니라 우리 회사와 브랜드에 관심을 가지는 사람들이 좀 더 편하게 찾을 수 있고, 신뢰할 수 있는 이야기를 담아야 하기 때문이다.

하지만 그게 아니라면, 대표의 개인 블로그 운영을 추천한다. 사람들은 기업과 브랜드보다 사람과 소통하고 싶어 한다. 사실 어떤 채널이건 기업 계정을 키우기가 훨씬 어렵다. 사람들은 기업 계정을 광고와 홍보만을 위한 블로그라고 생각하기 때문이다. 블로그 이름과 닉네임도 회사명이나 상품을 드러내기보다는 친근하게 짓는 것이 좋다. 가령, 부동산 대표의 블로그라도 '○○ 부동산'처럼 딱딱한 닉네임을 쓰기보다는 자신의 고유한 닉네임을 짓고 부동산 일을 하는 사람으로 포지셔닝하는 게 좋다. 또, 부동산 매물을 소개하는 글을 기본으로 쓰되, 가끔은 업무 일지 같은 글도 쓰는 게 좋다. 검색으로 유입될 확률은 낮겠지만, 나와 거래할지 고민하는 고객들에게 신뢰를 더해줄 수 있기 때문이다.

> **이런 분들에게 추천해요**
> - 고객에게 신뢰를 줄 수 있는 콘텐츠가 필요한 사장님
> - 법인이나 프랜차이즈같이 규모가 있고 공식적인 보이스가 필요하다면 공식 블로그 추천
> - 자영업자, 소규모 회사라면 대표님 개인 블로그 추천

✳ 블로그 체험단 운영하기

특히 동네에서 장사하는 작은 자영업 사장님이라면 블로그만 잘 활용해도 꽤 괜찮은 매출이 생길 수 있다. 꼭 공식 블로그가 아니어도 된다. 사실 자영업 사장님들께는 공식 블로그 운영을 권하지 않는다. 대신 블로그 체험단을 진행하는 게 효율적이다. 내 비즈니스를 하는 사람이라면 내가 체험단에 참여하는 게 아니라 블로거들을 섭외해서 체험단을 진행하는 방식으로 돈을 벌어야 한다. 무상으로 제품이나 서비스를 제공하고 후기를 얻는 것이다.

나는 스트레스를 받으면 두피에 열이 오르고 트러블이 생긴다. 가볍게 두피 관리 센터에 상담을 받으러 갔다가 4개월째 관리를 받고 있다. 두피 케어를 받을 때의 시원한 기분도 좋지만, 두피가 건강해지면서 머릿결도 좋아졌다. 내가 다니는 곳은 집 근처에 있는 1인 숍이다. 이런 곳은 사장님

이 공식 블로그를 운영하는 것보다 주기적으로 체험단을 진행하는 게 훨씬 효과적이다. 사람들은 타인의 후기와 경험담을 더 알고 싶어 하기 때문이다. 물론 사장님도 직접 블로그를 운영한다면 사람들이 조금 더 신뢰하고 찾아올 수는 있다. 하지만 그만큼 시간과 정성을 쏟아야 하기에 투자할 만한 가치가 있는지 따져봐야 한다. 이 두피 숍은 최근 체험단 마케팅을 진행했고, 원하던 여러 키워드로 상위 노출이 되면서 자연스럽게 고객도 증가했다.

여기서 중요한 사실 하나. 두피 숍 사장님은 몇 년 전, 블로그를 스파르타로 공부한 적이 있는 분이었다. 온라인으로 강의를 듣고 블로그를 함께 키워보는 수업에 참여하여 매일 포스팅을 했고, 당시엔 방문자 수도 꽤 많았다고 했다. 그때 어떤 키워드를 써서 포스팅해야 하고, 어떻게 글을 써야 노출이 잘되는지를 다 배웠기 때문에 체험단을 진행하면서도 가이드라인을 명확하게 줄 수 있었다. 참고로 지금은 일이 너무 바빠서 블로그 운영을 하지 않으신다. 체험단만으로도 충분히 홍보가 되기 때문에 앞으로도 개인 블로그는 더 이상 운영하지 않아도 될 것이다.

이런 작은 매장은 체험단 진행 업체에서 영업 연락이 많이 온다. 생각보다 저렴한 금액에 쉽게 체험단을 진행하지만, 생각보다 효과를 보지 못하는 경우도 많다. 왜냐하면 체험단 업체에서 하나하나 다 신경을 써주지 않기 때문이다. 이럴 땐 스스로 꼼꼼하게 따져야 한다. 내가 아는 척을 하고, 이것저것 따져서 이야기하면 담당자는 내 매장에 더 신경을 쓸 수밖에 없다. 체험단을 진행하며 블로거들에게 제공하는 가이드라인도 직접 신경 써서 챙기는 것이 좋다. 여기서 끝이 아니다. 처음에는 체험단 업체를 통해 시작하더라도, 이후에는 내가 직접 블로거들을 찾아서 체험단 진행을 제안할 수도 있다. 그들의 글과 사진을 직접 확인하고 양질의 블로그만 선택하여 제안할 수 있기 때문에 번거롭지만 더 나은 결과를 낼 수 있다.

내가 아는 게 많을수록, 꼼꼼하게 챙길수록 성과는 커질 수밖에 없다. 직접 블로그를 운영하지 않더라도 블로그 활용법을 알아야 하는 이유다. 물론 직접 운영까지 한다면 효과는 더더욱 좋을 것이다.

이런 분들에게 추천해요
- 고객의 경험담, 후기의 영향력이 강력한 업종의 사장님
- 시간이 부족해서 꾸준한 콘텐츠 발행이 어려운 사장님
- 소액이라도 예산을 사용하면서 마케팅할 의향이 있는 사장님

알아두면 더 좋은

블로그 수익화 방법을 한눈에!

돈 버는 방법	추천 대상
블로그 체험단	• 나만의 전문 분야가 명확하지 않은 사람 • 일단 블로그를 가볍게 시작하면서 방법을 익히고 싶은 사람 • 돌아다니는 것을 좋아하고, 사진 찍는 걸 즐기는 사람
애드포스트, 기자단, 제휴 마케팅	• 블로그로 작게라도 돈을 벌고 싶은 사람 • 블로그를 부업 개념으로 생각하는 사람 • 내가 쓰고 싶은 글이 아니더라도 목적성을 가지고 글을 쓸 수 있는 사람
지식창업	• 내가 아는 것을 사람들에게 알려주기를 좋아하는 사람 • 책 읽고, 공부하고, 글 쓰는 것을 좋아하는 사람 • 남들 앞에서 말하는 직업을 가지고 싶은 사람
마케터	• 마케팅에 관심이 있는 사람 • 블로그로 비즈니스를 해보고 싶은 사람 (비즈니스 마인드가 있는 사람) • 블로그 주제가 꼭 내 콘텐츠가 아니어도 되는 사람
포트폴리오	• 대학생, 취업 준비생 • 특히 포트폴리오가 필요한 직업을 희망하는 사람 (마케터, 디자이너, 포토그래퍼 등) • 뭘 해야 할지 모르지만, 뭐라도 해야 할 것 같은 사람
비즈니스 블로그	• 고객들에게 신뢰를 줄 수 있는 콘텐츠가 필요한 사장님 • 법인이나 프랜차이즈같이 규모가 있고 공식적인 보이스가 필요하다면 공식 블로그 추천 • 자영업자, 소규모 회사라면 대표님 개인 블로그 추천
체험단 운영	• 고객의 경험담, 후기의 영향력이 강력한 업종의 사장님 • 시간이 부족해서 꾸준한 콘텐츠 발행이 어려운 사장님 • 소액이라도 예산을 사용하면서 마케팅할 의향이 있는 사장님

꾸준히 하기가 어려워요

개인의 타고난 특성을 알려주는 '강점 검사'라는 게 있다. 나는 강점코치로도 활동하며 사람들이 가진 특성과 강점을 발견하고, 그것을 잘 활용하는 법을 알려주고 있다. 수많은 사람을 만나 이야기를 나누며 '시작이 어려운 사람'이 있고 '지속이 어려운 사람'이 있다는 사실을 알게 되었다. 사실 둘 다 쉬운 일은 아니지만, 사람에 따라 시작이 더 쉬운 사람과 지속이 더 쉬운 사람으로 나뉠 수 있다는 것이다. 이 책을 읽고 있는 당신은 둘 중 어느 쪽에 속하는가? 나는 시작이 더 쉽고, 지속이 어려운 부류에 속한다.

책을 마무리하며, 블로그 운영 시 꼭 알아야 할 주의 사항과 지속이 어려운 사람들을 위한 내 경험과 노하우를 공유해보려고 한다. 나와 같은 고민을 하는 분들에게 도움이 되었으면 한다.

블로거의 숙적, 저품질 블로그

하루는 블로그 방문자 그래프가 이상했다. 일평균 1,000~1,500명이 방문하던 블로그인데 저녁 시간이 되었음에도 방문자 수가 300명에 머물러 있었다. 느낌이 싸했다. 나에게도 '저품질'이 찾아온 것인가!

* 저품질 블로그 확인하기

네이버 블로그를 운영하기로 마음먹었다면 '저품질 블로그'에 대한 개념을 알고 가야 한다. 블로그 운영에 치명적인 악영향을 주는 녀석이기에 미리 조심해야 한다. 저품질 블로그는 네이버에서 공식적으로 사용하는 단어는 아니지만, 블로거라면 모두가 공통으로 사용하는 표현이다. 이름 그대로 품질이 떨어진 블로그라는 의미이며, 방문자 수가 뚝 떨어지는 게 대표적인 현상이다.

앞서 블로그 지수 개념을 설명했다. 요약하자면 내가 쓴 글이 C-rank와

D.I.A. 알고리즘에 부합하면 플러스, 큰 영향을 끼치지 않으면 0점, 좋지 않은 글이라고 판단되면 마이너스 점수가 매겨지는 시스템이다. 마이너스 점수가 축적되다가 더 이상 지켜볼 수 없다고 판단될 때, 네이버는 '경고' 신호를 보낸다. 대표적인 경고가 상위에 노출되던 블로그 글이 검색 화면에서 아예 사라지거나 3페이지 이후로 밀려나는 것이다. 첫 번째 페이지에 노출되던 글이 사라지면 방문자 수는 바로 직격타를 입는다.

한두 개의 포스팅만 사라졌다면 해당 글을 재빠르게 비공개로 처리하거나 좋지 않다고 판단되는 내용을 수정한 후 제대로 노출되는지 확인해야 한다. 빠르게 조치를 취하면 '경고' 단계에서 다시 회복할 수 있다. 만약 이런 방식으로 문서를 수정하거나 비공개 처리 했는데도 계속 노출이 잘 안 된다면, 거의 구제 불능 상태라고 봐야 한다.

내 블로그가 저품질인지 확인하고 싶다면 가장 최근에 발행한 글의 제목을 네이버 검색창에 그대로 검색해보자. 나 역시 테스트를 위해 '메타버스에서 처음 강의를 해보았다'라는 제목으로 새 포스팅을 작성했다. 이걸 그대로 검색해보니 검색 결과 최상단에 해당 글이 노출된다. 문제없이 정상적으로 운영되고 있는 블로그라면 이렇게 검색 결과 상단에 글이 나와야 한다.

단 '홍대 맛집', '강남 맛집' 등 경쟁이 치열한 키워드의 배열만으로 쓴 글이라면 저품질과 상관없이 경쟁에 밀려 뒤 페이지에 노출될 수도 있다. 검색량이 적은 키워드가 포함되어 있거나 문장이 길어서 다른 사람이 절대 똑같이 쓸 수 없는 구성의 제목이어야 정확하게 확인할 수 있다.

만약 이렇게 검색해보았을 때 내 글이 전혀 보이지 않는다면? 몇 개의 글을 더 확인해보자. 모든 글이 다 보이지 않는다면 안타깝게도 당신의 블로그는 저품질 블로그가 된 것이다.

저품질 블로그는 블로그 통계를 통해서도 확인할 수 있다. '블로그 통계'를 클릭한 후 '사용자분석' 하단의 '유입분석' 메뉴를 클릭하면 유입 경로를 확인할 수 있다. 유입 경로는 사람들이 어떤 루트로 내 블로그에 방문했는지 보여주는 항목이다. 여기에 '네이버 통합검색', '네이버 뷰검색' 등의 단어가 많이 보이면 사람들이 검색을 통해 정상적으로 방문하고 있는 상태다. 만약 '네이버 검색' 관련 단어가 보이지 않거나 10% 미만이고, 구글이나 다음 같은 타 플랫폼 검색 유입이 높은 비중을 차지하고 있다면 저품질 블로그를 의심해봐야 한다. 네이버에서 내 글이 정상적으로 노출되고 있지 않음을 뜻하기 때문이다.

✳ 저품질 블로그에 대처하는 법

위 방법으로 확인을 해봤더니 저품질 블로그 확정이라면, 먼저 심심한 위로를 전한다. 그 절망적인 마음은 충분히 이해한다. 심호흡을 하고 다음 문장을 읽어 내려가기 바란다. 저품질 블로그임이 확실해졌다면, 그 블로그를 회생시키려고 노력하기보다 새 아이디를 만들어서 블로그를 처음부터 다시 운영하는 것이 답이다.

네이버 블로그를 하다가 소위 '때려치웠다'고 말하는 사람 중 상당수가

이 저품질을 경험한 사람들이다. 고백하자면 나도 저품질 블로그가 된 이후에 블로그 운영에 회의감을 느껴 한동안 멀리했었다. 공들여 쌓아온 탑이 하루 만에 무너진 기분이랄까. 이미 다 무너져버렸는데 다시 무언가를 쌓는 게 의미가 있나 싶었다. 실제로 무너진 터전에 다시 탑을 쌓아봤자 무용지물이라 새로운 아이디로 다시 시작해야 하는 경우가 99%다. 물론 극소수의 예외는 있다. 나와 함께 저품질 블로그 현상을 겪었던 한 친구는 몇 년 뒤, 새로운 아이디로 다시 블로그를 시작하자마자 기존의 저품질 블로그가 회복되었다. 방문자 수가 갑자기 상승한 것이다. 그 친구는 원래 블로그로 복귀해서 포스팅을 이어갔지만, 안타깝게도 내 블로그는 영영 회복되지 않았다. 1,000개가 넘는 포스팅이 있는 블로그를 뒤로하고 새로운 아이디로 블로그를 시작할 수밖에 없었다.

물론 네이버는 '저품질 블로그는 존재하지 않는다'고 공식 입장을 밝혔다. 대신 C-rank 지수와 스팸 필터의 개념이 있기 때문에, 검색 노출이 잘 안된다면 C-rank 지수가 떨어졌거나 스팸 필터에 걸려진 것일 수 있다고 말한다. 장기간 블로그를 운영하지 않았다면 C-rank 지수가 떨어져 있을 가능성이 있다. 하지만 꾸준히 다시 포스팅하면 대부분 정상적으로 노출이 된다. 그런 경우가 아니라면 검색 노출이 되지 않는 현상을 어떻게 설명할 수 있을까? 정상적으로 열심히 글을 쓰던 수많은 블로거가 저품질을 경험했다. 그리고 명확한 이유를 알 수 없어서 어쩔 수 없이 새로운 블로그를 만든다.

저품질 블로그에 대처하는 가장 좋은 방법은 두 가지다. 일단은 저품질 블로그가 되지 않도록 신경 써서 포스팅을 해야 하고, 블로그 의존도를 줄여야 한다.

저품질을 피하는 글쓰기

저품질 블로그가 되지 않기 위해 글을 쓸 때마다 꼭 주의해야 할 사항이 몇 가지 있다. 하나씩 차근차근 살펴보자.

✱ 유사 문서

마케터가 되기 위해서 포트폴리오용 블로그를 운영하던 친구가 있었다. 하루는 블로그 글이 제대로 노출되지 않는 것 같다며 내게 SOS를 청했다. 최근에 발행한 글의 제목을 그대로 검색창에 입력해보니 실제로 검색이 잘 안되고 있었다. 찬찬히 살펴보니 《마케팅 불변의 법칙》이라는 책을 여러 차례 나누어서 포스팅한 것이 문제였다. 《마케팅 불변의 법칙》은 마케팅을 공부하는 사람을 위한 입문서로 자주 언급되는 책으로, 이미 무수히 많은 리뷰 글이 올라와 있는 베스트셀러다. 책 리뷰 특성상 본문의 문장을 그대로 가져와서 인용한 리뷰 글이 많았는데, 이게 문제였다. 여러 사람이 책 속의 문장을 토씨 하나 틀리지 않고 똑같이 옮겨 적은 것이다. 즉, 네이버는 친구의 리뷰를 '다른 글을 베낀' 글이라고 판단한 것이다.

네이버 검색 알고리즘은 '독창성'을 매우 중요하게 여긴다. 당연한 얘기다. 누군가가 만들어둔 콘텐츠를 베껴서 글을 쓴다면, 그리고 블로그 지수가 높다는 이유만으로 그 글이 검색 노출에 유리하다면 누가 양질의 콘텐츠를 업로드하고 싶을까? 이런 이유로 네이버는 '원본 문서'를 우대한다. 두 개 이상의 글이 동일하거나 혹은 유사한 내용이라고 판단되면, 가장 먼저 업로드한 사람의 글을 '원본'이라고 규정하는 것이다. 그 이후에 쓴 글들은 '유사 문서'로 분류하여 검색 결과에 노출하지 않는다. 즉, 글이 삭제되거나 비공개 처리 되는 것은 아니지만, 검색 화면에서는 절대로 보이지 않게 된다.

친구는 책을 읽고 본인의 생각을 포함해서 글을 썼으나, 글의 상당 부분이 책 내용의 '인용'이었기 때문에 유사 문서로 분류되었다. 어떻게 해결했을까? 책을 인용하는 부분을 '타이핑'하지 않고 사진을 찍거나 카드 뉴스 형태로 디자인해서 업로드했다. 네이버 알고리즘이 사진 안에 포함된 텍스트까지 인식하여 유사 문서로 판단하지는 않기 때문이다. 그동안 포스팅했던 책 리뷰의 인용구를 모두 다 사진으로 바꾸자 글이 정상적으로 검색 결과에 노출되었다. 이처럼 정성 들여 포스팅했음에도 유사 문서로 분류될 수 있기 때문에 꼭 주의 사항을 숙지한 상태로 글을 써야 한다. 블로그에 유사 문서로 분류된 글이 많이 쌓이면 블로그 지수가 낮아지기 때문이다.

네이버는 동일한 글과 사진을 사용하거나 문장 패턴이 비슷한 경우에 유사 문서로 필터링한다. 당연히 타인의 글을 베껴 쓰면 안 되며 앞의 사례처럼 유명한 책의 문장이나 영화 대사를 인용할 때도 주의가 필요하다. 사진도 중요하다. 만약 검색하여 다운로드받은 사진을 내 글에 첨부한다면 이것 또한 누군가가 창작한 이미지를 베껴 온 것으로 간주된다. 네이버 블로그에 있는 콘텐츠는 물론, 네이버 검색창에서 검색되는 모든 사진 및 이미지 소스와 비교하여 유사 문서를 판단하기 때문에 각별히 주의해야 한다. 따라서 사진도 직접 찍어 업로드하는 게 가장 안전하며, 피치 못할 경우에는 네이버의 '글감' 기능을 사용하여 네이버에서 제공하는 무료 이미지를 사용하는 게 좋다.

직접 찍은 사진이지만 여러 글에 동일한 사진을 반복해서 넣어야 하는 경우에는 어떻게 해야 할까? 대표적으로 상품 사진이 그렇다. 특정 상품을 판매하기 위해 큰돈을 들여 제품 사진을 찍었다면 그 사진을 반복적으로 사용하고 싶을 것이다. 하지만 이 또한 블로그 지수에 좋지 않은 영향을 미치기 때문에 되도록 다른 사진을 사용하는 게 좋다. 제품 사진을 찍을 때 다양하게 여러 컷을 찍어두는 편이 가장 좋고, 그마저도 힘들다면 해당 사진을 수정해서 업로드하는 방법이 있다. 사진에 디자인을 더해서 다른 이미지 파일로 다시 저장하면 같은 사진으로 판단하지 않기 때문이다.

그럼 인스타그램에 업로드한 사진을 블로그에 올리는 것도 문제가 될까? 그렇지 않다. 인스타그램에 업로드한 이미지는 네이버 검색 화면에 검색되지 않기 때문에 괜찮다. 대신 홈페이지에 올린 사진은 네이버에서 검색될 수 있기 때문에 블로그에 재발행하는 것은 지양하는 게 좋다.

✳ 링크 삽입

제휴 마케팅을 하다가 저품질 블로그가 된 사례를 심심치 않게 발견할 수 있다. 블로그 부업이 유행하게 된 이유 중의 하나가 바로 '제휴 마케팅'인데, 이걸 하다가 저품질 블로그가 되다니. 황금알을 낳는 거위의 배를 가른 셈이다. 제휴 마케팅은 블로그로 수익을 낼 수 있는 매력적인 방법이지만 장기적으로는 블로그 품질을 떨어뜨리는 대표적인 원인이라 추천하지 않는 편이다.

왜 제휴 마케팅을 하다가 저품질이 되는 걸까? 그 원리를 알아야 한다. C-rank 알고리즘이 중요하게 여기는 요소 중 하나가 바로 Context, 맥락에 맞는 글이다. 링크 삽입도 맥락에 어울리는 것만 허용한다. 즉 본문의 내용과 관련 있는 링크는 올려도 괜찮다. 가령, 내가 판매하는 《뭐해먹고살지? 문답집》의 소개 글을 쓴 다음, 하단에 그 제품을 살 수 있는 스마트스토어 링크를 연결한다면 문제없다는 의미다.

이때 동일 상품을 스마트스토어와 자사 쇼핑몰 두 군데에서 판매하고 있다면 네이버 플랫폼인 스마트스토어의 링크를 올리는 것이 더 좋다. 네이버는 자사 플랫폼 이외의 외부 링크는 선호하지 않는다고 알려져 있기 때문이다. 하지만 공식적으로 언급한 내용은 아니기에 참고만 하고 꼭 거기에 얽매일 필요는 없다.

게시글 하나당 맥락에 맞는 링크를 한 개 정도만 넣되, 가능하다면 네이버 플랫폼 링크를 사용하는 것이 가장 이상적이다. 만약 부득이하게 꼭 외부 링크를 넣어야 한다면 한 개 정도는 큰 무리가 없으니 안심해도 된다. 대신, 본문에 외부 링크가 너무 많이 들어가 있으면 사용자를 외부로 유인하려는 의도로 볼 수 있기 때문에 주의해야 한다.

특히 '브랜드 블로그'를 운영할 때는 더욱 주의가 필요하다. 기업의 마케팅 채널로 공식 블로그를 운영할 때, 발행하는 모든 글 하단에 '홈페이지'나 '인스타그램' 주소를 필수로 넣는 경우가 많다. 엄밀히 따지자면 이건 맥락에 어긋나는 링크다. 어떤 글을 쓰든 홈페이지 주소를 넣는다는 것은 블로그 안에서 양질의 정보를 제공하는 것이 아니라 어떻게든 블로그를 타고 홈페이지로 넘어가게 유도하겠다는 의도에 가깝다. 물론 홍보 차원에서 그런 의도를 가질 수는 있다. 하지만, 그 의도가 적나라하게 드러나선 안 된다. 네이버는 블로그 글 안에서 정보를 완벽하게 제공하길 원하기 때문이다.

과거에 기업의 공식 블로그 관리를 대행하던 시절, 글 하단에 항상 공식 홈페이지와 인스타그램 주소를 기재했다. 그 시절에는 그게 문제 되지 않았기 때문이다. 일 방문자 1,000명을 만드는 데 전혀 지장이 없었다. 그런데 언젠가부터 그런 방식으로 키우는 블로그가 잘 성장하지 않았다. 아무리 키워드를 잡아서 정성껏 포스팅해도 방문자 수가 늘지 않는 것이다. 문제는 하단의 외부 링크들이었다. 링크들을 다 제외하고 나니 정상적으로 방문자 수가 늘었다.

그런데 또 다른 문제가 발생했다. 대행을 맡겼던 대표님께서 블로그 내에 홈페이지 링크가 빠지는 것을 불안해하는 것이다. 마케팅 원리를 잘 모르는 대표님들과 작업할 땐 그들이 충분히 납득할 수 있도록 설명하고 설득하는 과정이 꼭 필요하다. 블로그를 통해 공식 홈페이지로 넘어와서 바로 물건을 사주길 바라는 대표님의 간절한 마음을 이해하지 못하는 것은 아니지만, 안 되는 건 안 되는 거다. 일단 더 많은 사람이 블로그에 방문하는 게 우선이다. 노출량을 늘려야 전환율도 올라가는 것은 마케팅의 기본 중 기본이니까.

소비자는 바보가 아니다. 블로그 글을 읽고 마음에 든다면 자연스럽게 또 다른 글을 살펴보고 또 살펴본다. 그러다가 정말로 마음에 들면 어떻게든 해당 브랜드의 홈페이지로 찾아온다. 물론 더 쉽게 찾아오도록 PC에서는 위젯 디자인에, 모바일에서는 '모바일 홈'에 홈페이지 링크를 걸어두는 작업도 필요하다. 혹은 쉽게 브랜드 정보를 살펴볼 수 있도록 공지 글을 따로 작성해두면 된다. 그러니 기억하자. 링크를 넣을 땐 꼭 본문의 내용과 연관성 있어야 한다는 것을.

✴ 글 수정

이번에도 마케팅 대행을 하던 시절의 이야기다. 한번은 체험단을 운영하여 제품을 나눠주고 후기를 받았다. 제품을 받고 사용한 사람들의 후기가 하나둘 올라왔다. 나는 후기를 올려준 블로그에 찾아가 감사의 표시를 하고 리뷰 중 괜찮은 표현들을 발췌하여 콘텐츠로 재가공하는 일을 했다. 그러다가 한 분의 리뷰 글에서 잘못된 정보를 발견했다. 외국산 제품이었는데 나라 이름을 잘못 표기한 것이다. 오해의 소지가 생길 수 있기에 잘못

된 정보를 수정해달라고 요청했다. 그런데 말도 안 되는 답변이 돌아왔다.

"글 수정하면 블로그 저품질됩니다.
수정할 수 없습니다."

어설프게 블로그를 공부한 사람들이 많이 하는 이야기 중 하나가 바로 '수정할 수 없어요'다. 아니, 어떤 플랫폼이 글 수정을 싫어하겠는가. 그럼 수정 기능을 만들어둘 필요가 없는 게 아닌가. 황당한 마음으로 절대 저품질 블로그가 될 일은 없으니 단어 하나만 바꿔달라고 간곡하게 부탁했지만, 그분은 끝끝내 부탁을 들어주지 않았다.

말도 안 되는 소문이 떠돌아다니자 좀처럼 공식 가이드를 내놓지 않는 네이버에서도 '수정을 해도 블로그 지수에 전혀 문제가 없다'고 공식 입장을 밝혔다. 그런데도 수정을 하면 안 된다는 소문은 현재 진행형이다. 왜 자꾸 이런 이야기가 떠도는 것일까?

수정을 해서 글의 질이 좋아진다면 전혀 문제가 없다. 앞선 사례처럼 잘못된 정보가 있다면 수정해도 된다. 아니, 반드시 수정해야 한다. 글을 보는 독자에게 잘못된 정보를 주는 글을 좋은 글이라고 할 수 없기 때문이다. 하지만 콘텐츠의 질을 높이기 위함이 아니라 '더 많이 노출되었으면 하는 욕심'만 가지고 글을 수정한다면 어떨까? '키워드 수정'이 대표적이다.

'발 편한 운동화'라는 키워드로 글을 써서 검색 결과 두 번째 페이지에 노출되었다고 가정해보자. 생각보다 상위에 노출되지 않아 초조해진 작성자는 검색 결과 첫 페이지에 노출되는 것을 목표로, 좀 더 범위를 좁혀서

'여성 발 편한 운동화'라고 키워드를 수정했다. 모든 키워드 앞에 '여성'만 붙이면 되니 쉽게 수정할 수 있다. 네이버는 이렇게 수정된 글은 의도가 불순하다고 본다. 콘텐츠 질은 그대로인데 더 많은 노출만을 노린 글이기 때문이다. 그럼 어떻게 될까? 검색 결과 두 번째 페이지에 노출되던 글이 수정 후 4~5페이지 뒤로 밀려나버릴 수 있다. 이런 경험을 한 사람들이 '글 수정'을 무서워하는 것이다.

핵심은 하나다. 더 좋은 글을 쓰기 위해 수정한다면 OK. 글은 그대로, 키워드만 수정한다면 검색 순위에서 밀려날 수 있다.

✱ 광고 콘텐츠

블로그에서 부수입을 벌기 위해 체험단이나 기자단 활동을 하는 사람이 많다. 하지만 이런 글만 쓰면 저품질 블로그가 될 확률이 높다. 물론 대가를 받아도 솔직하고 진정성 있게 포스팅하는 사람들이 많지만, 소비자 입장에서 돈을 받고 쓴 글만 많은 블로그는 신뢰하기 힘들다. 그래서 체험단과 기자단 활동을 하려면 평소에도 관련 주제로 열심히 포스팅하는 것이 좋다.

유튜버도 브랜디드 콘텐츠 광고를 받을 때 연속으로는 잘 받지 않는다. 연속으로 유료 광고 콘텐츠가 올라오면 구독자들이 떠날 확률이 높기 때문이다. 유튜브나 인스타그램은 좀 더 직관적으로 구독자, 팔로워와 소통하는 플랫폼이기 때문에 이런 부분을 주의하지만, 블로그는 검색만을 생각하고 운영하기 때문에 이를 간과하기 쉽다. 하지만 온라인 채널 운영 원리는 모두 동일하다는 것을 기억해야 한다. 광고 글만 받는 블로그를 운영하다 간 어느새 저품질이 되어 전혀 광고를 받을 수 없게 될 것이다.

특히 원고와 사진을 제공받아서 글을 업로드하는 기자단은 절대 금물이다. 업체는 당신의 블로그가 현재 노출이 잘되는 것에만 관심이 있을 뿐, 이 글 하나로 저품질이 되어 블로그가 망가지든 말든 전혀 개의치 않는다. 하나의 상품을 홍보하기 위해 수많은 블로거에게 같은 원고와 사진을 제공한다. 저마다 원고를 조금씩 수정해서 올린다고는 하지만 그럼에도 비슷한 단어, 패턴, 사진을 사용하기 때문에 유사 문서로 분류될 확률이 높다. 직접 경험한 양질의 콘텐츠가 아니기 때문에 블로그 지수도 당연히 떨어질 수밖에 없다. 부디 눈앞에 놓인 이익만 보고 황금알을 낳는 거위의 배를 가르지 않기를 바란다.

✳ 복사 + 붙여넣기

'복사+붙여넣기'로 작성한 글은 저품질이 된다는 이야기도 있다. 정말 블로그 관련해서 별별 이야기가 다 떠돈다는 생각이 들 것이다. 그만큼 블로그 저품질이 무섭기 때문이다. 곰곰이 생각해보자. 네이버에서 우리가 Ctrl+C, Ctrl+V 키를 사용하는 걸 인지하고 지수를 떨어뜨릴 수 있을까? 말도 안 되는 이야기다. 왜 이런 이야기가 떠돌게 되었는지, 우리는 무엇을 조심해야 하는지 살펴보자.

네이버에서 좋은 품질의 글을 판단하는 기준을 다시 떠올려보자. 여러 기준 중 '본인이 직접 쓴 글'이라는 심플한 가이드라인이 있다. 누군가의 글을 복사해서 붙여 넣는다면 당연히 이 기준에 어긋나 유사 문서로 분류되기 때문에 좋지 않다. 하지만 이 경우 말고, 내가 쓴 글을 내가 복사해서 붙여넣기하는 경우도 있다.

일러스트레이터로 활동하며 열심히 블로그를 운영하던 친구가 하루는 SOS를 청해 왔다. 아무리 살펴봐도 문제가 없는 글인데 검색 노출이 잘 안 된다고 했다. 이유를 찾기 위해 다방면으로 수소문을 하다 '복사+붙여넣기'를 했는지 확인해보라는 조언을 들었다. 물어보니 친구는 컴퓨터 '메모장'에 글을 쓴 다음에 그 글을 복사해서 블로그에 포스팅한다고 했다. 이게 대체 왜 문제인 걸까?

네이버 알고리즘은 '직접 쓴 글'을 좋은 글이라고 판단한다. 직접 글을 쓴다면 당연히 포스팅하는 데에 시간이 꽤 걸릴 것이다. 글자 수가 2,000자가 넘어간다면 일반적으로 몇십 분 이상 글을 쓰게 된다. 그런데 2,000자 분량의 글을 복사해서 붙여넣기한 다음 업로드한다면? 글 작성 시간이 3분이 채 안 될 것이다. 네이버는 이런 글을 본인이 쓰지 않은 글이라고 판단해버린다. 메모장에다 쓴 글을 옮겼는지, 한글 파일로 쓰고 복사+붙여넣기 했는지는 아무리 네이버라도 알 수가 없다. 즉 복사해서 붙여넣기를 한 게 문제가 아니라, 글을 분량 대비 너무 빠르게 업로드한 게 문제가 될 수 있다는 것이다.

완벽주의에 꼼꼼한 성향을 가진 사람 중에는 글을 여러 번 고쳐 쓰느라 블로그가 아닌 곳에서 글을 쓰고 옮기는 경우가 있다. 꼭 그럴 필요는 없다.

블로그에는 '저장' 기능이 있기 때문이다. 블로그 안에서 초고를 쓰고 저장해두었다가 틈틈이 수정한 다음 발행하면 된다. 이 과정이 불편하다면 메모장이나 워드 파일에 있는 글을 옮겨 오더라도 바로 발행하지 말고 창을 오래 띄워놨다가 발행하자. 웃기지만 어쩔 수 없다.

초고를 여러 번 수정하는 사람의 경우 '비공개'로 발행하고 나서 열심히 수정한 다음에 '공개'로 전환하기도 하는데, 되도록이면 비공개 발행 말고 '저장' 기능을 사용하자. 비공개로 발행하면 사람들에게 보이진 않지만 어쨌든 발행일이 지정된다. 네이버는 '최신 글'을 더 선호하는 경향이 있기 때문에 오래전에 비공개로 발행해둔 글을 이제 와서 '공개'로 바꾸어도 기존의 발행일 때문에 '최신성 지수'에서 불이익을 받을 수 있다.

블로그 의존도 줄이기

    물론 저품질은 피하는 게 가장 좋다. 하지만 아무리 피하려고 노력해도 나도 모르는 사이에 저품질이 될 수 있다. 2015년, 내 블로그가 저품질이 되었을 때 얼마나 황당했는지 모른다. 아무리 생각해도 위험한 행동은 하지 않았는데 왜 이렇게 된 건지 알 수가 없었다. 주변의 블로그 전문가와 마케팅 대행사 대표님들께 보여주고 원인을 찾아봐도 알 수가 없었다. 너무 억울하고 화가 났지만 별수 있나. 새로 만드는 수밖에.

    하지만 블로그를 새로 만들어서 키우려면 또 시간이 걸린다. 일단 블로그 이웃들에게 새로운 블로그로 넘어와달라고 요청했다. 그리고 새로 만든 블로그는 이전처럼 열심히, 죽어라 운영하지 않았다. 블로그만 키우는 건 위험하다고 생각했기 때문이다. 역시, 결론은 브랜딩이다. 내가 브랜딩되는 게 중요했다. 김인숙이라는 사람을 좋아해서 내가 어떤 온라인 채널에서 활동하든 따라와주는 팬들을 만들어야 했다.

✳ 저품질이지만 매출에 타격 없었던 이유

저품질 블로그가 되었다는 것은 더 이상 새로운 사람이 검색으로 나를 찾아오지 못한다는 의미다. 만약 내가 쇼핑몰이나 음식점을 운영하고 있었다면 매출에 직격타를 입었을 것이다. 이런 이유로 과거에는 블로그가 저품질이 된 대표님들이 소위 '최적화 블로그'를 돈 주고 구매해서 운영했다. 물론 지금도 블로그를 사고파는 시장은 존재한다. 여러분의 블로그가 검색 노출이 잘되는, 특정 분야에서 C-rank 지수가 높은 블로그라면 아마 쪽지로 '블로그 파세요' 혹은 '임대해주세요' 같은 메시지를 많이 받을 것이다. 적게는 몇십만 원에서 많게는 300만~400만 원을 호가하니 혹할 수 있는데, 개인정보를 넘겨주면서까지 블로그를 판매하진 않았으면 좋겠다.

다행히 나의 비즈니스는 수백 명의 고객이 필요하지 않았다. 매달 6명의 수강생만 있으면 되는 소규모 교육과 한 번 계약하면 6개월 이상 함께 일하는 기업 마케팅 일을 하고 있었기 때문에 신규 노출량이 적어도 괜찮았다. 관심 있는 사람들만 블로그에 들어와서 내가 누구인지 둘러보고 신뢰하게 만들면 충분했다. 그래서 저품질 블로그지만 바로 신규 블로그로 넘어가지 않고 종종 글을 업로드했다.

검색으로 신규 고객이 유입되지 않는다면 다른 방식으로 데려오면 된다. 가장 쉬운 방법이 블로그 이외의 플랫폼을 같이 운영하는 것이다. 당시에 나는 페이스북을 활발하게 운영하고 있었기 때문에 매출에 타격이 전혀 없었다. 블로그에 쓴 글을 페이스북에 공유하면 새로운 사람들이 계속 유입되었기 때문이다. 물론 페이스북은 블로그에 비해 폐쇄적인 플랫폼이지만, 페이스북 친구가 꾸준히 늘어나고 있었기 때문에 괜찮았다.

✻ 다른 SNS 채널도 함께 운영하기

블로그 저품질을 경험한 후, 블로그 외에도 다양한 채널을 함께 키워야 겠다는 생각이 절실해졌다. 마침 블로그가 한물갔다고 평가받던 시기라 유 튜브와 인스타그램을 키우는 데 집중할 수 있었다. 그 결과 블로그, 페이스 북, 인스타그램, 유튜브까지 두루두루 잘 운영하는 사람이 되어 여러 채널 을 적절히 연계하여 활용하는 방법까지 터득하게 되었다. 이제는 기업의 마케팅을 할 때 단일 채널만 운영하기보다 여러 개의 채널을 다 같이 활용 한다. 각각의 채널이 가진 역할, 목적, 장단점이 다르기 때문이다.

블로그 외의 채널을 함께 운영하면 한 채널에 의존하지 않기 때문에 예 상치 못한 변수에도 적절히 대처할 수 있다. 한 걸음 더 나아가, 내가 더 많 이 노출되기 때문에 인지도와 영향력, 매출 모두를 극대화할 수도 있다. 만 약 블로그 운영이 안정적인 궤도에 진입했다면 다른 온라인 채널을 1~2가 지 정해서 차근차근 함께 시작해보자.

인스타그램

요즘엔 페이스북보다 인스타그램을 훨씬 더 많이 사용한다. 블로그와 인스타그램을 함께 활용하면 좋은 점이 많다. 인스타그램은 취향 중심의 플랫폼이기 때문에 관심사가 비슷한 사람들과 쉽게 연결될 수 있으며, 수시로 접속하는 사람들에게 내 콘텐츠가 쉽게 노출된다. 블로그는 상대적으로 운영하는 사람이 적기 때문에 서로이웃을 맺고 긴밀하게 소통하기가 쉽지 않은데, 인스타그램은 피드뿐만 아니라 스토리를 통해서도 쉽게 소통할 수 있기 때문에 친밀한 관계를 만드는 데도 유리하다.

인스타그램과 블로그는 가장 흔하고 쉬운 추천 조합이다. 어차피 블로그는 C-rank 지수를 쌓을 때까지 시간이 꽤 걸린다. 검색으로 내 글을 보러 와주는 사람이 없다면 직접 블로그 이웃을 맺으러 다니는 방법밖에 없는데, 블로그 이웃을 늘리는 것보다 인스타그램 팔로워를 늘리는 게 오히려 더 쉽고 장기적으로 도움이 된다.

인스타그램과 블로그를 동시에 운영한다면 두 채널의 주제는 동일하게 가는 게 좋다. 최근 인스타그램의 알고리즘도 블로그의 C-rank와 유사하게 바뀌었다. 해시태그 검색보다 '추천 알고리즘'이 더 강력해진 것이다. 추천 영상을 찰떡같이 제안해주는 유튜브 알고리즘처럼, 인공지능이 내가 좋아할 만한 게시물을 분석하여 추천해준다. 추천 알고리즘에서 가장 중요한 것이 바로 '각 계정이 가진 정체성'이다. 이 계정에서 주로 어떤 콘텐츠를 올리는지 분석한 다음, 그 주제를 좋아하는 사람들에게 내 계정을 노출해주는 식이다.

인테리어 관련 콘텐츠를 올리는 계정이라면 인테리어를 좋아하는 사람에게 추천해주고, 다이어트 계정이라면 다이어트하는 사람들에게 추천해준다. 관심 주제에 맞춰 콘텐츠를 제안해야 사람들이 인스타그램에 머무는 시간이 늘어나기 때문이다. 이제 모든 온라인 채널의 알고리즘이 거의 대통합되었다고 보면 된다. 가장 중요한 것은 '주제의 일관성'이다.

인스타그램과 블로그의 주제가 동일하다면 인스타그램에서 모으고 블로그에서 전환시키는 게 가능하다. 다시 마케팅 퍼널을 떠올려보자. 마케팅 퍼널의 최상단에 위치한 '탐색' 영역을 인스타그램이 담당하고, '호감 및 구매' 영역을 블로그가 담당하는 식이다. 아무래도 인스타그램은 상세한 포스팅을 하기에는 제약이 많고, 여러 개의 글을 맥락에 맞게 보여주는 것이 어렵기 때문이다.

이럴 때는 인스타그램 프로필 영역의 '링크' 칸에 블로그 URL 주소를 걸어두면 된다. 블로그에 신규 글을 발행할 때마다 인스타그램 피드나 스토리에 블로그 글 발행을 알리면 더욱 효과적이다. 혹은 블로그에 쓴 글을 캡처하거나 가공해서 인스타그램에 여러 장의 이미지로 업로드할 수 있다. 최근 인스타그램에서는 '정보를 공유하는 이미지'인 카드 뉴스가 유행하고 있다. 번거롭게 하나하나 카드 뉴스로 제작할 필요 없이 블로그에 글을 쓰고 캡처하는 것만으로도 충분하다. 블로그와 인스타그램에 동시에 글을 발행할 수 있어 내가 가장 애용하는 방식이다.

인스타그램을 이제 막 시작한 사람이라면 블로그 이웃들에게 인스타그램에도 방문해달라고 요청하는 것도 좋다. 이 경우엔 블로그가 '노출' 영역을 담당하고 인스타그램에서 꾸준히 소통하며 '호감'을 쌓을 수 있다.

C-rank 알고리즘의 도입으로 블로그에서 소소한 일상을 만나기가 쉽지 않아졌다. 일상 글은 블로그 지수에 도움이 되지 않기 때문이다. 상대적으로 인스타그램은 사람들과 소통하기 편하다. 특히 업로드하고 24시간 뒤에 사라지는 '인스타그램 스토리' 기능을 이용해 편하게 나의 일상을 공유할 수 있다.

결국은 사람들이 나에게 호감을 갖게 하는 게 중요한데, 호감을 갖게 하는 가장 쉬운 방법은 자주 소통하는 것이다. 정보만 제공하는 것보다 일상을 함께 보여줘야 친근감을 만들어낼 수 있다. 물론 블로그에서도 적절히 일상을 공유하고 친근감을 쌓을 수 있지만, 인스타그램을 활용한다면 또 다른 느낌으로 접근이 가능하다.

블로그 포스팅으로 카드 뉴스 만들기

❶ 블로그에 글을 쓸 때 '모바일 사이즈'로 변경하기

글쓰기 화면 우측 하단의 동그라미 아이콘을 클릭하면 PC, 태블릿, 모바일 사이즈로 글쓰기 환경이 바뀐다. 그중 모바일 사이즈로 설정해보자.

❷ 한 문단에 5~8줄만 쓰기

한 문단이 카드 뉴스 1장이 되려면 이 정도가 적당하다. 만약 한 문단을 2~3줄로 썼다면 두 문단의 합이 8줄이 넘지 않도록 하자.

❸ 핸드폰으로 캡처한 후 문단별로 이미지 자르기

글 작성을 완료했다면 문단별로 캡처해보자. 인스타그램 카드 뉴스는 정방형(1:1 사이즈)이기 때문에 한 이미지에 한 문단씩 들어가도록 이미지를 잘라줘야 한다. 이미지를 자를 때는 기본 사진 앱을 사용하면 된다.

❹ 정방형(1:1 사이즈)으로 변경하기

기본 사진 앱으로 이미지를 잘랐다고 해도 사이즈가 제각각일 것이다. 이를 같은 사이즈로 통일해야 한다. 사용하고 있는 사진 앱을 활용하면 된다. 나는 스노우(SNOW) 앱을 주로 사용한다. 앱의 '자르기' 기능으로 필요한 부분만 자른 뒤, '여백' 기능으로 원하는 사이즈로 통일할 수 있다. 이때 배경 컬러는 블로그 배경과 동일하게 하얀색으로 설정하는 게 가장 깔끔하다.

❺ 카드 뉴스 제목 만들기

블로그의 제목 부분을 캡처해서 그대로 카드 뉴스 제목으로 사용해도 된다. 좀 더 시선을 사로잡는 제목 이미지를 만들고 싶다면 적합한 사진을 고르고 위에 제목을 써서 만들어보자. 이것도 사진 앱으로 충분히 가능하다.

글 쓰는 사람들의 대표적인 플랫폼으로는 카카오 브런치가 있다. 브런치는 '작가로 승인받아야만' 운영할 수 있는 채널로, 브런치 작가라는 타이틀이 주는 신뢰도를 함께 얻을 수 있다. 네이버 블로그와 브런치를 동시에 운영하는 작가들은 네이버 블로그에는 비교적 가벼운 글을 쓰고, 브런치에는 조금 더 각 잡고 잘 쓴 글을 업로드하는 경향이 있다. 그만큼 양질의 글이 쌓이므로 브런치를 발판 삼아 정식 작가로 데뷔하는 경우도 많다. 출판사가 직접 브런치에서 신규 작가를 발굴하는 경우도 많고, 브런치 자체에서도 '브런치북'이라는 대회를 통해 매년 작가를 발굴하고 출판을 지원하는 프로젝트를 진행한다. 일기가 아니라 에세이를 쓰고 싶다면, 혹은 전문적인 지식을 바탕으로 출판까지 하고 싶다면 브런치가 좋은 등용문이 될 수 있다.

브런치의 단점은 네이버 블로그에 비해 노출량이 적다는 점이다. 과거에는 네이버 검색 결과에 브런치가 아예 노출되지 않았지만, 다행히 최근에는 웹 문서 영역의 노출을 늘리면서 브런치 글도 네이버에서 검색되기는 한다. 그보다는 구글에서도 검색이 잘되는 편이라 구글 검색의 비중이 높은 전문적인 주제로 글을 쓴다면 네이버 블로그보다 브런치가 더 잘 맞을 수 있다.

브런치는 네이버 블로그에 쓴 글을 그대로 옮겨 발행할 수 있기 때문에 품이 덜하다. 대신 유의 사항이 있다. 네이버 블로그에 쓴 글이 '유사 문서'가 되지 않게 해야 한다. 즉, 같은 글을 양쪽 플랫폼에 복사+붙여넣기 하여 올릴 경우, 무조건 네이버 블로그에 먼저 업로드해야 한다. 그래야만 블로그 글이 원본 문서로 인식되어 정상 노출되기 때문이다. 반대로 브런치에 먼저 올린 글을 블로그에 옮겨 적으면 유사 문서로 분류되어 검색되지 않을 수 있다. 순서에 꼭 유의하자. 참고로, 브런치는 네이버 검색을 크게 신경 쓰지 않아도 되는 플랫폼이기 때문에 네이버에서 유사 문서로 분류되어도 상관없다. '퍼스널 브랜딩' 키워드로 구글에서 몇 년간 최상단에 노출되어 있는 내 브런치 글도 네이버 블로그에 쓴 글을 그대로 옮겨 적은 글이다.

브런치 작가되기 Tip

- 브런치 작가가 되려면 작가 신청서를 작성해야 한다. 책을 출간한 경험이 있는 작가도 2~3번씩 떨어지는 경우가 있으니 만약 한 번에 통과되지 않더라도 좌절하지 말고 다시 도전해보자.

- 브런치 작가 신청서를 쓸 때는 출판사에 보낼 '출간기획서'를 작성한다고 생각하고 글을 쓰는 게 좋다. 내가 얼마나 잘난 사람인지보다 내가 어떤 글을 쓸 수 있는 사람인지가 더 중요하다. 누구나 쓸 수 있는 이야기보다는 나만이 쓸 수 있는 이야기가 무엇인지 생각하고 작성해야 한다.

- 마케터가 쓰는 마케팅 이야기는 식상하다. 나 말고도 누구나 쓸 수 있는 이야기이기 때문이다. 하지만 기업에 입사하지 않고 프리랜서 마케터로 활동하며 좌충우돌 시행착오를 겪은 경험은 나만 할 수 있는 이야기다. 내가 가진 여러 가지 소재 중, 나만 할 수 있는 이야기가 무엇인지 생각해보자.

유튜브

블로그에 쓴 글을 유튜브 영상으로 활용할 수 있을까? 가능하다. 어차피 유튜브 영상을 찍을 때도 원고가 필요하기 때문에 블로그에 쓴 글을 원고로 사용한다면 손쉽게 유튜브 영상을 제작할 수 있다. 얼굴이 노출되는 게 부담스럽다면 굳이 촬영하지 않아도 된다. 목소리로 내레이션을 녹음한 후 영상을 삽입하는 형태로 손쉽게 영상을 만들 수 있다.

먼저 블로그에 쓴 글을 내레이션용으로 한 번 더 다듬어보자. 글을 소리 내어 읽다 보면 어색한 부분이 보일 것이다. 그 내용을 다듬으면 된다. 그다음 오디오 녹음을 해야 한다. 오디오 품질은 매우 중요하기 때문에 최대한 조용한 곳에서 녹음하는 게 좋다. 핸드폰에 이어폰을 연결하여 녹음 기능을 사용해도 좋지만, 가급적 마이크를 구매하거나 녹음기 사용을 권한다. 잡음이 조금이라도 들어가면 영상을 볼 때 거슬리기 때문이다.

요즘은 TTS(Text to Speech) 서비스를 활용하여 AI 성우가 내 글을 읽어주는 방식도 많이 사용한다. 약간의 비용만 지불하면 손쉽게 이용할 수 있다. 대표적인 플랫폼은 '망고보드'로, 원래는 카드 뉴스를 만들거나 포스터 디자인을 할 때 많이 활용하던 사이트다. 최근 영상 템플릿을 제공하면서 TTS 기능도 함께 서비스하기 시작했다. 대본만 있다면 망고보드에 있는 디자인 템플릿을 활용해서 영상을 손쉽게 만들 수 있다.

블로그 글을 대본으로 직접 영상을 촬영하는 것도 가능하다. 대본을 그대로 읽어도 되지만, 블로그 내용을 뼈대로 삼아 자연스럽고 편하게 영상을 찍으면 된다. 촬영은 핸드폰으로 충분하다. 요즘 스마트폰 카메라는 화질이 좋기 때문에 굳이 비싼 카메라 장비를 살 필요가 없다. 대신 핸드폰을 세워둘 삼각대는 필요하다.

영상 편집의 진입 장벽도 많이 낮아졌다. 'Vrew'라는 프로그램을 사용하면 내 음성을 인식하여 자막으로 변환해주고, 컷 편집도 쉽게 할 수 있다. 최근에는 'CapCut'이라는 프로그램을 이용하여 영상을 만드는 사람도 많아지고 있다. 특히 CapCut은 PC뿐만 아니라 모바일 앱으로도 편집이 가능하며, 쇼츠나 릴스로 활용 가능한 세로형 짧은 영상을 만들 수 있는 템플릿도 매우 많으니 한번 살펴보길 바란다.

네이버 블로그와 유튜브를 동시에 운영한다면 영상 업로드는 어떻게 해야 할까? 네이버는 자사 서비스를 이용하는 글을 선호한다. 따라서 유튜브 링크를 글에 삽입하는 것보다 유튜브 영상을 네이버 TV에 한 번 더 업로드한 후, 네이버 TV 링크를 가져오는 게 좋다. 번거롭다면 블로그에 영상을 그대로 업로드하는 것도 가능하다.

자, 이제 글을 쓸 시간입니다.
더 이상 고민하지 말고 컴퓨터를 켜세요.
아니, 스마트폰으로도 충분합니다.

블로그에 접속하고, 글쓰기 버튼을 눌러보세요.
그리고 여러분의 이야기를 써 내려가세요.

매일의 이야기가 쌓여 스토리가 되고,
그 스토리가 여러분의 삶을
자유롭고 행복하게 만들어줄 거예요.